가장 효율적인
부동산 투자법

가장 효율적인
부동산 투자법

최진곤 지음

투자의 본질은 단순하다

원앤원북스

부동산 투자의
본질은 단순하다

부동산 투자는 나에게 있어 한 줄기 빛과 같은 존재다. 많은 수익과 보람을 안겨줬기 때문이다. 부동산 투자를 통해서 나는 월급쟁이로는 평생 벌 수 없는 돈을 벌었고 경제적으로 윤택한 삶을 살게 되었다. 그리고 그러한 노하우를 전파하기 위해 공인중개사 자격증을 따고 부동산 컨설팅 회사를 차렸다. 2018년에 설립했으니 햇수로 벌써 5년이 지났다. 부동산 투자가 내 인생을 말 그대로 180도 바꾼 것이다. 상담을 통해 나는 가감 없이 내 노하우를 전파했다. 그 과정에서 어떤 분은 나를 귀인으로 생각하시고, 또 어떤 분은 매년 감사편지와 선물을 보내신다.

다른 사람에게 도움이 되는 삶은 여러모로 행복하고 윤택하다. 부족한 부분이 많은 내가 누군가의 삶에 도움이 된다는 사실만으로도 마음이 풍요롭고 따뜻하다. 아주 작게 시작했지만 유튜브와 블로그를 통해 나에게 도움을 청하는 이들이 늘어나기 시작했고, 지금도 현장에서 그들을 도우며 부동산 투자를 이어오고 있다.

상담을 하다 보니 부동산 투자에 잘못된 선입견을 갖고 계신 분이 너무 많았다. 흔히 부동산 투자는 돈이 많아야 할 수 있다고 생각한다. 하지만 적은 돈으로도 얼마든지 할 수 있다. 실제로 단돈 1천만 원으로 투자를 한 적도 많고, 여전히 적은 돈으로도 진입 가능한 저평가된 부동산이 산재해 있다. 돈이 적다고 수익까지 적은 것은 아니다. 1천만 원으로 목돈을 번 사례도 굉장히 많다. 관련 사례는 후술하겠다.

또 다른 선입견은 부동산 투자를 하기 위해서는 굉장히 많은 공부가 필요하다는 오해다. 물론 일정 부분 공부가 필요한 것은 사실이다. 문제는 '공부를 위한 공부'에 매몰되어 책과 강연에만 몰두하다 보니 투자할 타이밍을 놓치는 경우다. 또 너무 쓸데없는 분야까지 공부하느라 투자가 더 힘들고 어려워지는 사례도 있다. 예를 들어 그 도시의 역사, 생성 과정 혹은 외제차 대수, 주차 차단기 유무, 놀이터 바닥이 모래인지 탄성코트인지 등을 공부하고 확인하는 건 투자에 있어 별로 도움이 되지 않는다. 그러한 것을 공부하고 조사하느라 시간을 허비해선 안 된다.

투자의 세계에 100%란 없다. 100%가 있다면 투자가 아닐 것이다. 어느 정도 불확실성을 인지하고, 감내할 수 있는 선에서 투자 결정을 내려야 한다. 아무리 공부를 열심히 한다고 해도 불확실성을 완전히 지울 수는 없다. 투자의 불완전성을 인정하고 받아들여야 한다. 불확실성을 지우려고 공부하고 또 공부하다 보면 결국 공부에 끝이 없다는 것만 깨닫는다.

나에게 상담을 받은 A회원이 그런 경우였다. A회원은 오랫동안 유명하다는 부동산 강의를 찾아다니며 듣고, 유명하다는 책도 수십 권 읽었다. 그런데 강의를 들으면 들을수록 부동산 투자에 대해 더 모르겠고 자신감만 떨어져서 투자를 실천으로 옮기지 못했다. 나는 A회원에게 간단한 솔루션을 제시했다. 너무 간단했기에 불안해했지만 A회원은 꾹 참고 실행에 옮겼고, 그 결과 굉장히 좋은 성과를 얻었다.

A회원은 조언에 따라 미사에 있는 한 오피스텔을 마이너스 프리미엄에 샀다. 훗날 해당 물건은 분양가 이상으로 올라 4천만~5천만 원 정도의 수익을 안겨줬다. A회원은 그 돈으로 옥정신도시 미분양 아파트를 매입해 2억~3억 원 정도의 시세차익을 남겼고, 더불어 충북 진천에 위치한 동일하이빌파크테라스 청약에 당첨되어 최소 2억 원 정도의 수익을 냈다. 다

합치면 5억~6억 원 정도의 수익이 난 것이다. 물론 아직 매도한 건 아니기 때문에 수익률은 바뀔 수 있다. 하지만 불과 2년 만에 7천만 원이란 크지 않은 투자금으로 투자한 것치고는 나쁘지 않은 성과라고 본다.

만일 A회원이 두렵다는 이유로 투자가 아닌 공부를 택했다면 아무 일도 일어나지 않았을 것이다. 공부하지 말고 투자의 세계에 뛰어들라는 뜻이 아니다. 어느 정도 공부를 마쳤다면 그다음에는 직접 맞부딪혀봐야 한다. 다방면의 깊은 공부보다 작은 실천을 통해 쌓는 경험이 훨씬 더 중요하다고 생각한다.

공부보다 중요한 건 의사결정 능력이다. 시시각각 변하는 시장에서 올바른 의사결정을 내릴 수 있는 능력이 더 중요하다. 지금은 인터넷이 발달해 원하는 정보를 언제 어디서든 손쉽게 얻을 수 있다. 정보가 없어서 문제가 아니라 정보가 너무 많아서 문제다. 정보를 달달 외워서 머릿속에 집어넣는 것이 아닌, 정보를 찾고 접목하는 능력이 더 중요하다. 기존의 단순 암기 위주의 부동산 공부에서 벗어나 여러 가지 정보를 취합하고 활용해 현명하고 올바른 의사결정을 내리는 방법부터 배워야 한다. 현명한 의사결정을 위해서는 투자 경험과 통찰력이 필요하다. 당연한 이야기지만 경험과 통찰력은 투자를 실천하지 않으면 키울 수 없다.

이 책을 쓰게 된 계기가 여기에 있다. 너무 많은 사람이 잘못된 선입견에 빠져 부동산에 투자하기 위해서는 돈이 많아야 한다고, 공부를 많이 해야 한다고 생각한다. 여러분이 곧바로 부동산 투자에 임할 수 있도록 그동안 쌓아온 나의 경험과 노하우를 이 책 한 권에 담았다. 물론 이 책을 완독한다고 하루아침에 부자가 되지는 못할 것이다. 하지만 과거를 통해 미래를 읽을 수 있듯이 이 책을 통해 현명한 의사결정을 내릴 수 있는 기본적인 지식과 통찰력을 배운다면, 이 책을 읽는 지금 이 순간이 인생의 터닝포인트가 될 것이다.

내가 전하고자 하는 메시지는 간단하다.

부동산 투자의 본질은 단순하다.

바로 이 한 문장이다.

부정적인 마인드의 사람은 아무리 도움이 되는 이야기를 해도 듣지 않는다. 현명하고 귀가 열려 있는 사람은 좋은 의견을 제시하면 감사한 마음으로 좋은 성과를 얻는다. 부디 여러분도 열린 마음으로 이 책을 끝까지 읽어주기 바란다.

최진곤

차례

3장. '저평가' 부동산으로 수익률 올리는 비법

4장. 부동산 트렌드를 분석해 투자 물건 발굴하기

5장. 청약과 분양권 투자의 이해

6장. 모르면 손해 보는 세금의 모든 것

7장. 운과 성공의 상관관계

8장. 이 돈으로 뭘 살 수 있나요?: 시크릿 Q&A ①

9장. 이 돈으로 뭘 살 수 있나요?: 시크릿 Q&A ①

1장
자본주의의 규칙을
이해하라

"가난이나 재정적인 어려움을 겪는
근본적인 원인은 두려움과 무지다."
_로버트 기요사키

규칙도 모르고
경쟁할 순 없다

　우리가 사는 세상은 자본주의다. 사유재산제에 바탕을 둔 자유주의 경제하에서는 생산자와 소비자가 이익을 얻기 위한 경제활동을 한다. 자본주의 경제 체제에서 인류는 역사상 가장 풍요로운 시대를 맞이하고 있다. 자본주의가 전적으로 옳다고 이야기하는 것이 아니다. 빈부격차 문제나 황금만능주의가 만연해지는 등 자본주의의 부작용도 만만치 않다. 돈 때문에 부모자식 간에 험한 일도 벌어지고, 형제자매 간에 갈등도 생긴다. 그럼에도 불구하고 자본주의가 사회를 더욱 효율적으로, 그리고 윤택하게 만드는 윤활유와 같은 존재임은 부정할 수 없다.

　좋든 싫든 우리는 자본주의 세상에 살고 있다. 세상이 바뀌지 않는 한 이 시스템에 적응해야 한다. 보다 잘 살기 위해서라도 자본주의의 속성과 규칙에 대해 알아야 한다. 야구, 축구와 같은 게임을 잘하기 위해서는 규칙부터 숙지할 필요가 있다. 열심히 노력하는 건 둘째 문제다. 게임의 참여자가 규칙도 모르고 어떻게 게임에 참여할 수 있겠는가?

문제는 자본주의의 규칙이 표면적으로 드러나 있지 않다는 데 있다. 야구, 축구와 같은 게임은 일종의 '룰북'이 촘촘히 짜여 있지만 자본주의 세상은 그렇지 않다. 스스로 찾지 않으면 배울 수 없다. 부모님도 이야기해주지 않을 뿐더러 학교에서도, 학원에서도 배울 수 없다. 스스로 경험하고 터득해 자본주의의 규칙을 익혀야 한다. 다행히 지금은 정보화 시대이기 때문에 의지만 있으면 얼마든지 가능한 일이다.

+ 돈을 벌 수 있는 5가지 포지션

학창시절에 농구를 좋아했다. 잘하지는 못했지만 주로 맡은 포지션은 스몰포워드, 하고 싶은 포지션은 슈팅가드였다. 자본주의 사회도 농구처럼 포지션이 있다. 돈을 버는 생산적인 관점에서 포지션은 크게 5가지로 나뉜다.

첫째, 직장인이다. 1997년 IMF 외환위기 이전만 하더라도 '평생직장'이라는 말이 있을 정도로 한 번 좋은 직장에 들어가면 안정적인 삶을 누릴 수 있었다. 하지만 몇 차례의 경제위기 이후 세상은 달라졌다. 조기 은퇴를 걱정해야 할 만큼 상황은 녹록지 않다. 무엇보다 샐러리맨 포지션으로는 부자가 될 가능성이 희박하다. 물론 대기업 임원까지 오른다면 샐러리맨도 큰 부자가 될 수 있지만 확률은 희박하다.

둘째, 전문직이다. 의사, 변호사, 회계사, 세무사, 변리사, 감정평가사, 약사 등 소위 '사'자 직업을 전문직이라 일컫는다. 학창시절 공부에 소질이 있었다면 전문직이 되어 부자가 될 수 있다. 물론 과거처럼 자격증만 있다고 부자가 되는 세상은 아니다. 자격증을 따더라도 부자가 되기 위해선 치열한 경쟁을 벌여야 한다. 본인이 공부를 잘하고 시험에 자신 있다면 이쪽 포지션을 노리는 것도 좋다.

셋째, 자영업자다. 장사를 통해서 부자가 되는 경우다. 부모님이 자영업을 했던 경우 자녀도 자영업에 뛰어들 가능성이 높다. 자라면서 보고 배우는 게 있기 때문이다. 몇 시간씩 줄을 서서 찾는 '대박집'을 만들면 금방 부자가 될 수 있다. 그러나 현실적으로 자영업으로 성공하기에는 너무 힘들다. 개인적으로 이 방법은 잘 권하지 않는다.

넷째, 투자자다. 투자를 해서 부자가 되는 경우다. 투자의 대상은 다양하다. 주식, 펀드, 채권, 부동산, 암호화폐 등 다양한 분야가 있다. 내가 이 경우에 속한다. 주식, 펀드, 채권, 부동산 등에 다양하게 투자했고 나름의 성과도 있었다. 가장 큰 성과를 낸 건 역시 부동산이다. 나 또한 투자자이고 크고 작은 성공 경험이 있기에 이 포지션을 적극적으로 권하는 편이다.

마지막 다섯째, 사업가다. 자영업이 커지면 사업이 될 수 있다. 자영업과 사업의 구분법은 간단하다. 사업은 내가 없어도 시스템으로 일이 돌아가고 자영업은 내가 있어야만 운영된다. 자영업이 크게 성공해 프랜차이즈까지 진출하는 경우가 있다. 물론 프랜차이즈 역시 신경 쓰고 챙겨야 할 게 많지만 한 달 정도 쉰다고 회사가 무너지지는 않는다. 하지만 자영업은 다르다. 본인이 열심히 김밥을 말아 팔고 있는데 한 달 휴가를 낸다면 기회비용을 감수해야 한다. 이게 바로 자영업과 사업의 차이다. 돈을 크게 벌 수 있는 방법은 사실 사업가 포지션이다. 실제로 사업을 해서 부를 일군 이가 굉장히 많다.

이러한 5가지 포지션 중에서 여러분은 어떤 위치에 있는가? 혹은 앞으로 어떤 포지션에 속하고 싶은가? 이 부분을 먼저 고민해야 한다. 한 번에 정할 수도 있지만 정하고 나서 포지션을 변경할 수도 있다. 일단 자본주의에서 돈을 벌 수 있는 5가지 포지션이 있다는 걸 이해하고 내 위치를 파악하고 검토하는 게 우선이다. 만약 내가 만족할 만큼 돈을 벌 수 없는 이유가 포지션의 문제라면 포지션을 바꿔야 한다.

그렇다고 처음부터 사업가가 되겠다고 큰 리스크를 감수하거나, 맹목적으로 회사를 나와서 자영업이나 전업 투자자가 될 순 없다. 준비 없이 포지션을 옮기면 역효과가 날 수 있다. 예를 들어 스몰포워드인 내가 슈팅가드를 하고 싶다고 해서 무리하게 포지션을 변경한다면 나와 팀에 큰 해를 끼칠 수 있다. 준비 없이 포지션을 옮기면 본인과 가족에게 큰 피해를 줄 수 있다.

따라서 내가 제시하는 바는 다음과 같다. 본인만의 특별한 특기나 무기가 없다면 우선 직장인으로서 사회생활을 하는 게 맞다. 하지만 직장에서 임원급까지 나아가 부자가 될 수 없다면 포지션 변경을 위한 노력을 게을리 하지 말아야 한다. 나 역시 한때는 직장인 포지션이었고, 현재는 투자자 포지션에서 사업가 포지션으로 나아가고 있는 중이다. 준비가 되는 시기까지는 무조건 직장에서 버텨야 한다.

직장생활도 버티지 못하는 사람이 다른 포지션에서 성공하기란 쉽지 않다. 또 아무것도 없는 토대에서 성공하기란 매우 힘들다. 따라서 일단 취업을 하는 게 맞다. 사회초년생일 때는 여러 직종에 취업할 수 있는 기회가 많이 주어진다. 이 시기에 취업하지 않으면 취업이 더 어려워지기 때문에 일단은 직장을 구한 다음, 포지션 변경을 위한 노력을 기울여야 한다.

하고 싶은 일 vs. 돈을 많이 버는 일

　여기서 고민해볼 만한 문제가 있다. 하고 싶은 일을 택할 것인지, 아니면 경제적으로 여유로운 일을 택할 것인지 하는 문제다. 사회초년생이라면 이미 뼈저리게 겪었을 것이다. 정답은 없지만 내 경험에 비추어 이야기해 보고자 한다.

　사회초년생 시절, 나는 무역업을 지망했다. 외국 바이어도 만나고 해외로도 출장을 다닌다 하니 어린 마음에 무역업에 대한 나름의 로망이 있었다. 하지만 당시 무역상사 쪽은 몇몇 대기업을 제외하고는 내 기준에서는 박봉이었다. 생각보다 초봉이 적었다. 반면 전혀 고려해본 적 없던 영업직은 달랐다. 영업은 능력제이기 때문에 잘만 하면 무역업 초봉보다 2~3배 이상 벌 수 있었다.

　고민하던 나는 결국 성과급이 있는 영업사원으로 첫 직장생활을 시작했다. 하고 싶은 일보다는 돈을 많이 버는 일을 택한 것이다. 영업사원이 꿈인 사람이 얼마나 될까? 나는 꿈보다는 돈을 택했다.

✛ 경제적 자유 없이는 행복도 없다

많은 사람이 하고 싶은 일 혹은 꿈을 좇으라고 조언한다. 달콤한 말이지만 안타깝게도 현실은 냉정하다. 예를 들어 누군가는 연극을 하는 게 꿈일수 있다. 아무리 하고 싶은 일이 있어도 경제적으로 충분한 보상 없이는 그일을 지속할 수 없다. 연극 무대에서 연극하는 걸 좋아할지라도, 매달 생활비를 걱정해야 한다면 그 일을 지속적으로 행복하게 하기는 힘들다. 현실적으로 충분한 경제적 보상이 따르는 일을 직업으로 선택해야 한다. 비록그 일이 본인이 하고 싶은 일이 아닐지라도 경제적으로 충분한 보상이 뒷받침된다면 고민해볼 필요가 있다.

혹자는 말한다. 우리의 시간은 유한하다고. 하고 싶은 일만 해도 시간이부족하다고. 동의한다. 하기 싫은 일을 억지로 하면서 살기에는 우리네 인생은 짧다. 하지만 하고 싶은 일을 행복하게, 만족할 만큼 충분히 하기 위해서는 반드시 돈이 있어야 한다. 그렇기에 여건이 안 된다면 꿈보다는 돈을 좇아야 한다. 꿈을 아예 포기하란 뜻이 아니다. 경제적으로 여유가 생긴다음에 정말로 하고 싶었던 일을 하면 된다.

경제적으로 여건만 되면 얼마든지 꿈을 이룰 수 있다. 나 역시 어느 정도 여유가 생긴 다음부터 평소 하고 싶었던 일들을 시작했다. 이렇게 책을 쓰기도 하고, 사람들 앞에서 강연도 하고, 최근에는 직접 보드게임도 만들어서 판매하고 있다. 부동산 투자에 대해 잘 모르는 사람들을 도와주면서 나름의 만족감과 행복을 느낀다. 나는 나와 가족을 위해 하고 싶은 일을 잠시 미루고 돈을 버는 일에 집중했다.

이처럼 현실적으로 본인이 어떤 태도를 취하고 무슨 직업을 선택하느냐에 따라 인생의 양상은 달라진다. 옳고 그름의 문제는 아니다. 선택의 문제이며 그에 따른 결과는 여러분의 몫이다.

자산과 부채, 레버리지에 대한 이해

매달 들어오는 월급을 보면 한숨이 나온다. 이 돈으로 언제 결혼하고 집 사고 애들을 키울지 막막하기만 하다. 평생 부자가 될 가능성은 없어 보인다. 하루하루 버티는 삶을 살다 보면 조바심도 나고 미래가 두렵다. 오늘날 많은 직장인이 느끼는 감정이다. 나 또한 그런 시절이 있었다. 하지만 시간이 지나고 나니 자산이 불어나는 과정도 복리효과가 작용한다는 것을 깨달았다. 사회초년생이 당장 1억 원을 만들기란 어렵다. 하지만 일단 1억 원을 모으면 2억 원까지, 2억 원을 모으면 4억 원까지 불어나는 것은 무일푼에서 1억 원 만들기보다 쉽다.

단순히 재테크 노하우가 쌓이고 돈에 대한 마인드셋이 공고해져서 그런 것은 아니다. 그런 이유도 어느 정도 있지만 돈이 불어나는 가속도가 우리 생각보다 훨씬 빠르기 때문에 그렇다. '72법칙'을 아는가? 72법칙은 복리효과를 단적으로 보여주는 좋은 예다. 72법칙이란 가지고 있는 돈이 2배가 되는 시점을 계산하는 공식으로, 72를 연평균 수익률로 나누면 원금이 2배로 불어나는 데 필요한 시간을 계산할 수 있다. 예를 들어 내 자산이 1억 원인데 2배인 2억 원을 만들기 위해 연평균 수익률 12%인 복리상품에 투자했다고 가정해보자. 공식을 대입하면 다음과 같다.

72÷12(수익률, %)=6년

즉 수익률이 12%라면 원금이 2배가 되기까지 6년이란 시간이 소요된다. 1억 원이든, 10억 원이든, 100억 원이든 원금의 크기와는 무관하다. 원금이 2배가 되는 시점은 똑같이 6년이다. 그래서 원금이 크면 클수록 돈이 불어나는 속도가 빠르게 느껴진다. 만약 연평균 수익률이 2%인 복리상품이라면 원금이 2배가 되기까지 36년(72÷2)이 걸린다. 어떻게 돈을 굴리느냐에 따라 자산이 2배가 되는 시점이 36년이 될 수도, 6년이 될 수도 있는 것이다. 무려 30년 차이다.

그렇다고 무조건 수익률이 높은 상품에 투자하라는 말은 아니다. 수익이 커지면 리스크도 커지기 마련이다. 수익률만 보고 투자를 해선 안 된다. 안전하게 내 원금을 지키면서 자산을 불리는 방법은 얼마든지 있다(구체적인 방법에 대해서는 후술하겠다). 우선은 복리효과에 대한 개념만 이해하기 바란다.

비록 지금은 자산도 많지 않고 월급도 적지만 내가 어떻게 마음을 잡고 노력하느냐에 따라서 10~20년 후 부자가 될 수도, 아닐 수도 있다. 그렇기에 먼저 마인드부터 정립해야 한다.

✚ 자산과 부채의 개념

여기서 꼭 기억해둬야 할 부분이 순자산의 개념이다. 순자산은 자산에서 부채를 뺀 값이다. 예를 들어 자산이 10억 원, 부채가 5억 원이라면 순자산은 5억 원이다. 당연한 이야기지만 자산은 '수입'을 만들고 부채는 '지출'을 만든다. 부채라고 해서 무조건 나쁜 것은 아니다. 부채를 통해 순자산을 키울 수도 있다. 자산과 부채를 제대로 이해하면 '좋은 부채' '나쁜 부채'를 분별할 수 있다. 현금흐름을 분석해 순자산을 증가시키는 부채인지 혹은 순자산을 감소시키는지 부채인지 살펴봐야 한다.

부자가 되기 위해서는 부채를 적절히 활용해 자산을 매입함으로써 순자산을 키워야 한다. 예를 들어 조그만 오피스텔을 매입해서 월세를 받으면 현금흐름이 좋아져 순자산이 증가하는 반면, 값비싼 자동차를 사서 운행하면 기름값과 보험료 등으로 지출만 증가하고 순자산이 감소한다. 물론 자동차가 꼭 필요한 경우도 있지만 가진 자산에 비해 과하게 좋은 자동차를 매입하는 건 순자산을 감소시키는 행위다. 이처럼 순간순간 나의 선택이 순자산 증가에 도움이 되는지, 안 되는지 전략적으로 선택해야 궁극적으로 부자가 될 수 있다.

좋은 자동차는 나중에 부자가 되면 얼마든지 몰 수 있다. 나 역시 순자산을 늘리기 위해 이 원칙을 지켰으며 지금도 비싼 자동차에는 관심이 별로 없다. 그보다는 순자산을 증가시킬 수 있는 부동산에 관심이 많다. 아마 워런 버핏도 자동차나 집보다는 갖고 싶은 주식을 살 때 행복감이 더 클 것이라 생각한다.

+ 레버리지의 개념

돈을 벌기 위해서는 레버리지, 즉 지렛대의 힘을 이용해야 한다. 레버리지를 이용하면 작은 힘으로도 큰 힘을 낼 수 있다. 레버리지의 예는 다양하다. 내가 잘하지 못하는 부분을 다른 사람에게 위탁해 여유시간을 버는 것도 레버리지의 한 예다. 예를 들어 집안일을 할 시간이 없다면 가정부를 고용해 일을 맡김으로써 레버리지를 일으킬 수 있다. 나는 그 시간에 더 생산적이고 돈을 많이 벌 수 있는 다른 일에 집중하면 된다.

전세를 안고 주택을 매입해 시세차익을 노리는 갭투자도 레버리지의 좋은 예다. 갭투자의 '갭(gap)'은 주택의 매매가격과 전세금 간의 차액을 의미한다. 이 차액이 적을수록, 즉 전세가율이 높을수록 적은 실투자금으로 주택을 매입할 수 있다. 임대인에게 있어 전세입자의 전세금은 무이자 대출과 같다. 임대인은 전세입자에게 돈을 받아 이자 없이 활용하다 전세 만기 때 원금만 돌려주고, 세입자는 보장된 기간 동안 집을 사용하는 사용

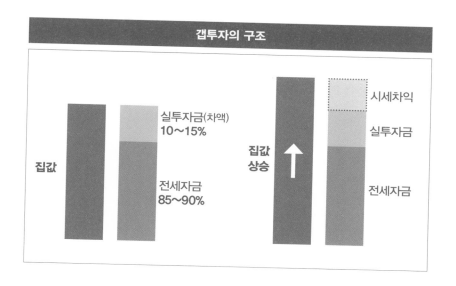

갭투자의 구조

집값

실투자금(차액)
10~15%

전세자금
85~90%

집값
상승

시세차익

실투자금

전세자금

수익을 보장받는다. 임대인은 임차인의 전세금을 활용해 비교적 적은 돈으로 부동산에 투자할 수 있다. 훗날 해당 부동산의 가격이 상승하면 상승분은 온전히 집주인의 몫이다.

레버리지는 비단 부동산 투자에만 국한되지 않는다. 주식 투자에서도 가능하다. 대출을 받아 주식을 매수하는 것도 일종의 레버리지 투자다. 하지만 전세금과 달리 대출은 이자가 나간다. 그것도 매달 말이다. 매달 꼬박꼬박 나가는 이자와 그에 따른 기회비용보다 더 많은 수익을 주식 투자로 창출해야 한다. 알다시피 주식 투자로 매달 수익만 내기란 쉬운 일이 아니다.

레버리지는 불과 같아서 잘만 쓰면 윤택한 혜택을 볼 수 있지만 잘못 사용하면 쉽게 데일 수 있다. 따라서 처음에는 감당 가능한 선에서 레버리지를 작게 일으키는 것이 좋다. 익숙하지도 않은데 함부로 불을 만지면 큰 화를 입을 수 있다. 항상 조심해야 한다.

　한 가지 더 당부하자면 주식 투자에서 레버리지를 활용하는 건 특히 주의해야 한다. 미수금을 활용해 거래하는 경우가 많은데 초보 투자자에겐 절대 권하지 않는 방법이다. 주식 투자라는 게 100% 확신할 수도 없고 한번 고꾸라지면 주가가 회복하기까지 생각보다 긴 시간이 소요된다. 미수 거래 시 주가가 하락하면 기다려주지 않고 반대매매를 당하기 때문에 큰 손해를 볼 수 있다. 레버리지는 본인이 감당할 수 있는 범위 내에서 일으켜야 한다. 꼭 명심하자.

앞바퀴와 뒷바퀴 이야기

20대 때의 1억 원과 60대 때의 1억 원은 같은 돈이지만 값어치는 상상을 초월할 정도로 다르다. 젊을수록 돈을 굴리고 불릴 시간이 차고 넘치기 때문이다. 노력 여하에 따라 1억 원이 10억 원이 될 수도, 100억 원이 될 수도 있다. 따라서 한 살이라도 젊을 때 소비를 줄여 종잣돈을 마련해야 한다. 당연한 이야기지만 부자가 되기 위해서는 수입보다 지출이 커서는 안 된다. 어떻게든 수입은 늘리고 지출은 줄여서 투자할 종잣돈을 마련해야 한다.

지금 현재 무일푼인가? 3년만 지독하게 종잣돈을 모아보자. 딱 3년이면 충분하다. 간혹 돈을 모으고 절약하는 데 초점을 맞추느라 돈을 제대로 활용하지 못하는 경우도 있다. 투자를 멀리하고 원금 보장에만 목을 맨다. 돈은 그냥 돈일 뿐이다. 우리 삶을 윤택하게 해주는 노예에 불과하다. 또한 돈 모으는 재미에 푹 빠져 남에게 베푸는 데 인색해져서는 안 된다. 자유롭고 행복하게 살기 위해, 시간을 절약하기 위해 돈을 현명하게 쓸 줄 알아야 한다. 딱 3년만 종잣돈을 모아보자. 악착같이 모은 그 돈이 미래를 바꿀 시드머니가 될 것이다.

+ 앞바퀴와 뒷바퀴는 함께 굴러가야 한다

자전거를 처음 타는 사람은 넘어지면서 몸으로 타는 법을 배운다. 넘어지길 반복하다 요령이 생기면 어느새 능숙하게 자전거를 타는 자신을 발견할 수 있다. 부를 늘리는 과정도 자전거 타기와 유사하다. 종잣돈을 모으기 위해 우리는 먼저 현금흐름을 만든다. 매달 들어오는 근로소득이나 사업소득이 앞바퀴라면, 그 소득을 활용해 창출되는 투자소득은 뒷바퀴에 해당한다. 자전거를 타기 위해서는 일단 앞바퀴에 힘을 실어야 한다. 현금흐름이 원활하지 않은데 어떻게 뒷바퀴를 굴릴 수 있겠는가?

현금흐름이 원활하지 않으면, 즉 지출이 소득을 앞지르거나 꾸준한 소득이 없으면 갖고 있는 자산을 팔 수밖에 없다. 당장 먹고살 생계비가 없기 때문이다. 전업 투자자들이 종종 이런 모습을 보인다. 투자하지 않고 저축만 하는 월급쟁이가 앞바퀴만 굴러가는 자전거라면, 일정한 소득 없이 투자만 하는 전업 투자자는 뒷바퀴만 굴러가는 자전거다. 앞바퀴가 멈춰 있으면 나중에 오를 가능성이 큰 우량자산을 급매로 팔게 되고, 그러면 잘 굴러가던 뒷바퀴의 힘도 약해진다. 앞바퀴와 뒷바퀴의 균형이 중요한 이유다.

안전하게 자전거를 타기 위해서는 일단 앞바퀴가 잘 굴러가도록 꾸준한 소득을 유지할 필요가 있다. 회사원이라면 앞바퀴가 원활히 굴러갈 수 있도록 회사에 잘 다니고, 뒷바퀴를 굴리기 위해 급여 외의 추가 소득을 고민해야 한다. 최근 유행처럼 소위 'N잡러'가 늘고 있는 이유가 여기에 있다.

+ 뒷바퀴는 부의 원동력

주변을 둘러보면 앞바퀴를 월등히 잘 굴리는 사람도 있고, 앞바퀴는 미약하지만 뒷바퀴를 잘 굴려서 부자가 되는 사람도 있다. 최근 비슷한 시기에 상담을 받으러 온 A, B, C의 사례를 비교해보자.

A는 오랫동안 사업을 해왔다. 직원이 30명이 넘을 정도로 회사 매출도 크고 수입도 괜찮았다. A는 당장 먹고사는 데 문제가 없고 또 사업도 워낙 바쁘다 보니 부동산 투자를 해본 경험이 없다고 했다. 투자는 고사하고 평생을 무주택자로 살며 전세를 전전했다.

자영업자인 B는 분식집을 운영했는데 소득만 놓고 보면 A에 비해 하루하루 팍팍하게 생활했다. 하지만 B는 강동구에 있는 아파트를 전세를 끼고 3채 매입해 보유하고 있었다. 2015년에 B는 우연히 손님들의 이야기를 듣고 부동산에 투자했다고 한다. 떠도는 호재를 반신반의하며 믿고 아파트를 샀는데 가격이 쭉쭉 오르자 용기를 내 2채를 더 샀다. 분식집은 분식집대로 그럭저럭 돌아가고, 투자한 아파트는 아파트대로 가격이 올라 어느새 자산이 크게 늘어났다. 순자산만 놓고 보면 30명이 넘는 직원을 두고 있는 A보다도 부자였다.

반포에서 오랫동안 거주한 C는 사업자금을 마련하기 위해 살고 있는 반포 집을 팔았다. C는 집을 매도하면서 사업에 성공하면 반드시 다시 돌아오겠노라 다짐했다. 다행히 C의 사업은 승승장구했다. 하지만 C가 판매한 아파트의 가격은 그동안 하늘 무서운 줄 모르고 치솟은 상태였다. C는 차라리 사업을 안 하고 집을 갖고 있었더라면 더 큰 부자가 되었을 것이라며 토로했다. C가 우스갯소리처럼 한 이야기지만 이런 일은 실제로 비일비재하다.

이처럼 앞바퀴를 굴리는 힘이 미약해도 뒷바퀴를 굴리는 힘이 강하면 많은 자산을 형성할 수 있다. 반면 소득이 아무리 높아도 투자하지 않으면 원하는 만큼 부를 불릴 수 없다. 나 역시 강의료, 상담료, 중개수수료, 칼럼 고료, 책 인세, 유튜브 수입 등 매달 적지 않은 수입이 들어오지만 자산을 키우기까지 뒷바퀴의 공이 가장 컸다.

부동산 투자의 장점은 분류과세로 종합소득에 합산되지 않는다는 점이다. 현금흐름은 종합소득으로 합산되어 수입이 커질수록 누진세율로 세금이 늘어나지만, 양도소득은 1년에 2채 이상만 팔지 않으면 합산되지 않는다. 따라서 세금적인 측면에서도 부동산 투자가 자산을 키우는 데 훨씬 유리하다.

지금까지 뒷바퀴의 중요성을 강조했지만 자전거를 타본 경험이 없다면 일단은 앞바퀴를 굴리는 게 관건이다. 만일 종잣돈이 없다면 소비를 줄여서라도 하루 빨리 돈을 모으길 권한다. 그렇게 형성한 종잣돈을 바탕으로 뒷바퀴를 굴려 한시라도 빨리 자전거를 몰고 나가야 한다. 뒷바퀴를 효율적으로 굴리는 방법에 대해선 후술하겠다.

2장
왜 부동산
투자인가?

"실수를 피하는 유일한 길은 투자하지 않는 것이다.
그러나 그것이 가장 큰 실수다."

_존 템플턴

부동산 투자를
해야 하는 이유

　최근 암호화폐 가격이 폭락하면서 20~30대 청년 세대의 '영끌' '빚투' 부작용이 심각한 사회문제로 대두되고 있다. 미국발 기준금리 인상 및 인플레이션 우려로 인해 단기자금 시장이 악화하는 가운데, 채무를 변제하지 못해 개인회생을 신청하는 20~30대가 늘어나고 있다.

　한 시사 프로그램에서 암호화폐에 병적으로 몰두한 사람의 뇌파가 도박 중독에 빠진 사람의 뇌파와 흡사하다는 충격적인 결과가 나왔다. 개인적으로 평소에 암호화폐 투자, 주식 단기매매가 도박과 비슷하다고 생각해왔는데, 그런 생각이 방송에서 증명되자 신기한 한편 작금의 상황이 우려스러웠다.

　암호화폐 투자가 어떻게 중독 현상으로 이어지는 걸까? 중독이란 즉각적인 만족의 과잉으로 인해 뇌의 기쁨회로가 일상의 작은 만족에 둔감해지는 일종의 뇌질환이다. 우리의 뇌는 항상 더 큰 자극을 갈망한다. 처음 아파트에 이사 가던 날을 잊을 수가 없다. 평생 빌라에서 살다가 신축 아파트에 처음 입주한 날, 드디어 내 집 마련에 성공했다는 기쁨에 나와 아내는 밤새 들떠 잠을 이룰 수 없었다. 하지만 그 기쁨은 한 달을 가지 못했다. 여행도 마찬가지다. 이국적인 풍경도 2~3일이 지나면 아무런 감흥이 없다. 어쩌면 너무나 당연하다. 계속해서 흥분 상태가 유지된다면 아마 인간의 몸은 오래 버텨내지 못할 것이다.

새로운 자극을 추구하는 인간의 이러한 특성을 올바른 방향으로 잘 활용하면 한 단계 발전할 수 있고 성장할 수 있다. 하지만 변동성이 큰 암호화폐 차트를 보며 심장이 쿵쿵 뛰고 도파민이 분포되는 것은 결코 이로운 자극이 아니다. 중독에 빠지기 전에는 10만 원만 벌어도 행복했을 것이다. 그다음에는 100만 원, 그다음에는 1천만 원, 그다음에는 1억 원을 벌어야 처음에 느꼈던 흥분을 느낄 수 있다. 행복과 기쁨을 느끼는 허들이 계속 올라가기 때문이다. 그 짜릿한 쾌감을 얻기 위해 쉽게 투자를 멈출 수가 없다. 그러다 크게 물려서 실패하고 만다.

시시각각 변하는 암호화폐의 시세를 보면서 오를 때의 쾌감과 떨어질 때의 비참함을 교차로 경험한다. 그러다 보면 어느새 뇌는 도박 중독자처럼 망가져 결국 판단력이 흐려진다. 실제로 암호화폐로 돈을 많이 번 사람과 식사를 한 적이 있는데, 시시각각 변하는 코인의 시세를 확인하느라 제대로 된 대화가 불가능했다. 물론 다 그런 건 아니겠지만 정서적으로나 정신적으로나 어려움을 겪기 쉬운 환경이란 생각이 들었다. 그래서 암호화

폐는 웬만한 불굴의 의지가 없다면 중독에 빠질 확률이 높다. 반면 부동산
은 그렇지 않다.

✛ 부동산 투자가 정답인 이유

부동산은 시세가 실시간으로 변하지 않을 뿐더러 손바뀜도 적다. 그래
서 부동산 투자는 중독을 일으키지 않는다. 이 부분이 내가 생각하는 부동
산 투자의 가장 큰 장점이다. 무엇보다 부동산은 쉽게 사고팔 수 없기 때문
에 장기투자가 가능하다. 환금성이 떨어진다는 부동산의 특성은 단점인
동시에 장점으로 작용한다.

복리효과를 극대화하기 위해선 장기간 우상향하는 자산에 투자해야 한
다. 인간의 이성은 불안정하기 때문에 조금이라도 가격이 떨어지면 마음
이 흔들리고, 조금이라도 오르면 팔고 싶어진다. 주식 투자가 어려운 이유
가 여기에 있다. 많이 오른 것 같아 팔면 훨씬 더 오르고, 많이 떨어진 것 같
아서 사면 훨씬 더 떨어진다. 주식 투자자라면 누구나 경험해봤을 일이다.
부동산은 세금 문제 때문에라도 강제적으로 장기투자를 할 수밖에 없어 인
간의 비이성이 변수로 작용하지 않는다.

부동산은 사용가치가 있는 자산이다. 암호화폐와 주식은 가치가 '0'이
될 수 있지만 부동산은 그렇지 않다. 설사 값어치가 떨어져도 두 발 뻗고
잘 수 있는 땅과 건물은 남는다. 내가 들어가서 안 살더라도 임대를 주면

전세금이나 월세를 받을 수 있다. 그래서 부동산은 얼마든지 전 재산을 쏟을 수 있다. 반면 비트코인에 전 재산을 베팅하는 경우는 드물다. 당장 살 집도 구해야 하고, 내 집이 아니면 임대료도 내야 하기 때문에 전 재산을 암호화폐에 넣는 사람은 극히 드물다. 그래서 암호화폐는 소액 투자자 비중이 높다. 적게는 몇십만 원, 몇백만 원 단위로 투자한다.

2022년 5월 금융위원회 조사에 따르면 국내 암호화폐 보유자는 558만 명에 달하는 것으로 나타났다. 이 중 절반에 가까운 276만 명은 100만 원 이하 소액 투자자였다. 그런데 금액이 적다고 신경을 덜 쓸까? 천만의 말씀이다. 금액이 적어도 암호화폐 거래소를 쉼 없이 들락날락한다. 떨어지면 떨어지는 대로 마음이 아프고, 올라도 소액이어서 수익이 그리 크지 않다. 그렇기에 암호화폐 투자는 효율이 떨어진다. 차라리 그 돈과 에너지를 다른 분야에 쓰는 게 훨씬 현명한 일일지 모른다.

부동산은 꼭 필요한 재화다. 누구나 집 한 채는 필요하다. 내가 편히 잠 자고 쉴 수 있는 집 한 채는 있어야 하지 않겠는가? 결혼을 해서 가족이 생기고 아이가 생기면 더욱 그렇다. 집이 없으면 2년 혹은 4년마다 거주지를 옮겨다녀야 하기 때문에 장기적인 자금계획을 세울 수 없다. 2~4년 후 전세금이 오를지도 모르기 때문에 당장 여윳돈이 있어도 다른 데 투자할 수가 없다.

본인의 의지와 상관없이 이사를 자주 다니면 자녀 교육에도 좋지 않다. 부득이하게 전학을 가면 사춘기 아이는 굉장한 스트레스를 받는다. 월스트리트의 전설적인 주식 투자가 피터 린치도 주식 투자보다는 내 집 마련이 우선이라고 강조한 바 있다. 『전설로 떠나는 월가의 영웅』에서 피터 린치는 주식 투자를 고민하고 있다면 이 질문에 먼저 답해야 한다고 주장한다.

"내 집이 있는가?"

책이 출간된 1989년 미국과 오늘날 한국은 상황이 다르지만 내 집 마련이 먼저라고 주장한 그의 근거는 지금도 유효하다. 본인과 가족이 살 집을 장만하면 일단 심리적으로 안정된다. 주식은 급히 필요하지 않은 여윳돈을 사용해서 안정적으로 투자해야 결과가 좋다. 내 집 없이 여기저기 떠도는 불안한 세입자가 과연 주식 투자에서 좋은 성과를 거둘 수 있을까?

물론 성공적으로 내 집을 마련하기 위해서는 어느 정도 공부와 전략이 필요하다. 누누이 강조하지만 그렇다고 공부에 너무 많은 시간을 낭비할 필요는 없다. 꼭 필요한 정보만 습득하고 부족한 정보는 채워가면서 투자에 임하면 된다. 사실 지식보다는 지혜가 훨씬 중요하다. 아무리 많은 정보와 지식이 있어도 올바른 결정을 내리지 못하면 큰 손해를 볼 수 있다.

요즘은 인터넷 환경이 워낙 발달되어 있어서 웬만한 지식은 얼마든지 얻을 수 있다. 그런 다방면의 지식을 내가 다 공부해서 알 필요도 없을 뿐더러 하나도 빠짐없이 숙달하기엔 시간도 부족하고 비효율적이다. 올바른 투자 결정을 내리기 위해서는 최소한의 공부로 최대의 효율을 내면 된다. 그래서 이 책에 단순한 지식, 정보가 아닌 부동산 투자에 필요한 현명한 지혜를 담기 위해 노력했다. 아직 투자할 준비가 안 되어 있어도 좋다. 지금부터 함께 하나씩 배워 나가면 된다.

금융상품과 부동산의 차이

+ 금융상품으로는 부자가 될 수 없다

금융상품을 소개해주는 유튜브 채널을 본 적이 있다. 구독자가 몇십만 명에 달하는 제법 규모가 큰 채널이었는데, 콘텐츠도 다양하고 정보도 유용했다. 그런데 한편으로는 이런 생각도 들었다. '최신 금융상품 정보를 달달 숙지한다고 과연 부자가 될 수 있을까?'

금융상품만으로는 부자가 될 수 없다. 주식이 대박이 나서 부자가 되는 경우는 종종 있지만 연금저축보험, ELS, 변액유니버설보험, 변액연금보험 등의 금융상품으로는 불가능한 일이다. 어느 정도 자산 포트폴리오를 구성할 수는 있지만 큰 수익률을 기대할 수는 없다.

목돈 마련이 목적이라면 펀드 투자 정도는 나쁘지 않다. 펀드는 내가 보험과 대출을 제외하고 유일하게 이용해본 금융상품이다. 적립식 펀드 투자로 적지 않은 종잣돈을 모은 경험이 있다. 펀드는 다수의 투자자로부터 자금을 모아 여러 대상에 나눠 투자하는 구조이기 때문에 소액으로 비싼 우량주, 거래 단위가 큰 채권 등에 투자할 수 있다는 장점이 있다. 펀드는 특히 적립식 투자를 하기 용이한 금융상품이다. 경험이 없다면 적은 돈이라도, 단돈 10만 원이라도 매달 투자해보기 바란다. 주가가 떨어지면 펀드를 싸게 살 수 있어서 좋고, 주가가 오르면 환매해서 이익을 취할 수 있어서 좋다.

다시 본론으로 돌아와서, 제도권 금융상품으로 부자가 되지 못하는 이유는 무엇일까? 지나친 이자소득세(15.4%)와 태생적으로 수익이 극대화되기 힘든 구조적 한계를 지녔기 때문이다. 금융상품으로 이득을 보면 여지없이 세금을 내야 한다. 이자소득세라는 이름으로 이익금의 15.4%를 떼어간다. 예를 들어 5% 이자가 붙는 상품에 1억 원을 투자했다고 가정해보자. 500만 원 이자의 15.4%인 77만 원을 세금으로 내면 실제로 받는 이자는 423만 원이다. 당연히 이자가 클수록 이자소득세도 더 많이 내는 구조다.

그럼 이자소득세만 피하면 괜찮은 걸까? 저축성보험은 대표적인 비과세 상품이다. 대신 조건이 있다. 최소 5년 이상 불입해야 하고, 10년 이상 유지해야 하며, 월평균 150만 원 이내여야 한다. 요건을 충족하지 못하면 이자소득세 15.4%를 내야 한다. 저축성보험은 말 그대로 보험이기 때문에 초기에 사업비를 많이 떼는 구조다. 비과세 요건을 채워도 사업비를 떼면 이자가 그렇게 크지 않다. 더군다나 비과세 요건을 충족하기 위해서는 무려 10년을 묵혀야 한다. 수익률도 기대만큼 높지 않은데 10년씩이나 목돈이 묶이다 보니 중도에 해지하는 경우가 많다.

　매달 이자를 받지만 이자소득세를 안 내는 방법도 있다. 즉시연금에 가입하는 것이다. 즉시연금은 일종의 일시납 저축성보험으로 목돈을 예치하고 매달 이자를 세금 없이 비과세로 받을 수 있다(비과세 한도는 1억 원). 단 저축성보험과 마찬가지로 비과세 혜택을 받기 위해서는 10년 이상 유지해야 하기 때문에 역시 목돈이 장기간 묶인다는 단점이 있다.

　주식 매매차익도 주식 평가액 10억 원 이하까지는 비과세다. 단기간에 사고팔아도 국내 주식의 양도차익에 대해서는 세금이 전혀 붙지 않는다. 예를 들어 삼성전자를 사서 1억 원의 이익이 나면 0.25%의 거래세를 제외하고는 세금을 한 푼도 안 내도 된다. 다만 해외주식은 양도차익의 22%를 세금으로 내야 한다. 해외주식은 실현손익 기준으로 연간 250만 원까지는 공제가 되지만 이를 초과해 수익이 날 경우 22%의 세금이 부과된다. 예를 들어 미국 주식 테슬라를 사서 수익이 1억 250만 원 났다면, 공제액을 제외한 1억 원의 22%인 2,200만 원을 양도세로 내야 한다.

　지금까지 내가 한 이야기가 너무 어렵고 복잡하다면 그냥 다 잊어도 된다. 부동산의 비과세 효과를 설명하기 위해 예시를 든 것뿐이기 때문이다. 실제로 금융상품의 면면을 자세히 파고 들면 비과세 요건이나 수익구조가 이보다 더 복잡한 경우도 많다. 비과세 요건도 다양하고 불입 기간도 짧지 않아서 시장수익률 이상으로 수익을 내기란 실질적으로 굉장히 어렵다. 즉 기회비용 측면에서 굉장히 불리하다. 10년이면 강산도 변한다고 한다. 비과세 혜택 하나 때문에 목돈을 10년간 그냥 묵히는 건 굉장히 비효율적인 일이다.

+ 직관적이고 효율적인 부동산 투자

부동산 투자로 비과세를 받는 방법은 아주 단순하다. 1가구 1주택 혹은 일시적 1가구 2주택 혹은 혼인으로 인한 일시적 1가구 2주택 등 다양한 방법으로 비과세 혜택을 누릴 수 있다.

이 중 1가구 1주택 비과세부터 살펴보면 다음과 같다. 개인이 1주택을 사고 2년간 보유했다면 12억 원까지 전액 비과세 혜택을 받을 수 있다(조정대상지역의 경우 2년간 거주). 예를 들어 A라는 사람이 5억 원에 집을 사서 2년 보유 후 12억 원에 팔아서 양도차익이 7억 원이라면 세금은 한 푼도 안 내도 된다. 어떠한 금융상품도 2년 만에 비과세 혜택을 주는 경우는 거의 없다.

일시적 1가구 2주택 전략을 활용하면 2채도 비과세 혜택을 받을 수 있다. 먼저 비조정대상지역 내에서 5억 원을 주고 A주택을 구입했다 가정해보자. 비조정대상지역이기 때문에 거주하지 않고 2년만 보유해도 비과세 혜택을 받을 수 있다. A주택 구입 후 1년이 지난 시점에 이번에는 조정대상지역에 있는 B주택을 5억 원에 사서 직접 거주한다. 조정대상지역 내 B

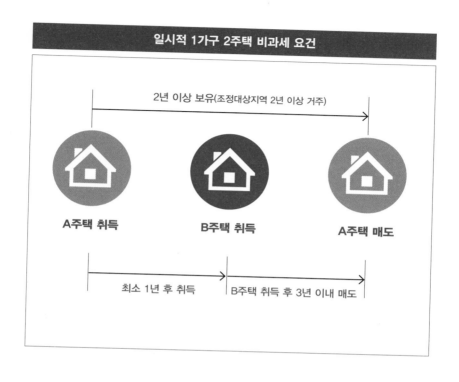

일시적 1가구 2주택 비과세 요건

2년 이상 보유(조정대상지역 2년 이상 거주)

A주택 취득　　　B주택 취득　　　A주택 매도

최소 1년 후 취득　　B주택 취득 후 3년 이내 매도

주택을 매수한 지 3년이 지나지 않은 시점에 앞서 산 A주택을 12억 원에 매도한다. 이 경우 A주택의 양도차익 7억 원은 세금을 한 푼도 내지 않는다. 마찬가지로 2년 거주한 조정대상지역 내 B주택도 훗날 12억 원에 매도해도 세금을 한 푼도 내지 않는다. 두 아파트를 합쳐서 양도차익만 14억 원에 달하지만 전액 비과세인 것이다. 이렇게 일시적 1가구 2주택 비과세 혜택을 받기 위해서 필요한 기한은 3년이면 족하다.

어떤가? 여타 금융상품과 비교하면 어마어마한 수익을 거두고도 세금을 한 푼도 안 내기 때문에 압도적인 비교우위에 있다. 만약 금융상품으로

14억 원의 수익을 냈다면 (그럴 가능성도 굉장히 희박하지만) 이자소득세 외에 종합소득세 합산으로 어마어마한 세금을 내야 했을 것이다.

앞서 부동산 투자의 본질은 단순하다고 이야기한 바 있다. 부동산의 비과세 요건이 복잡하게 느껴지는가? 그렇다면 그냥 잊고 이것 하나만 기억하면 된다. 부동산은 머리만 잘 쓰면 어떤 금융상품보다 세금적인 측면에서 유리하다. 이 부분을 말하고 싶어서 이렇게 길게 예시를 든 것이다. 내가 전달하고자 하는 메시지는 명확하다. 부동산 투자는 어떤 금융상품보다 비과세 한도나 기간이 짧기 때문에 자산 증식에 굉장히 유리하다. 다른 복잡한 금융상품을 깊게 공부할 필요가 없다. 부동산 투자 하나만 공부하는 게 훨씬 효과적이다.

다음 장에서는 시장 흐름을 읽을 수 있는 금리와 환율에 대해 간략하게 알아보겠다. 부동산 투자에 어떤 식으로 접목할지 배워보도록 하자.

금리와 환율이
부동산에 미치는 영향

　2022년 하반기, 미국이 금리를 급격히 올리는 자이언트스텝을 단행하면서 국내 자산시장이 요동쳤다. 주가는 떨어지고 환율은 1달러당 1,400원 이상으로 치솟았다. 한 치 앞도 모르는 상황이 이어지자 연일 뉴스에서는 금리와 환율에 대해 언급했다. 그 누구도 금리와 환율이 경제에 미치는 영향이 크다는 점은 부인할 수 없다. 경제와 부동산 시장의 흐름을 정확하게 읽기 위해서는 기본적으로 금리와 환율이 부동산에, 더 나아가 경제에 어떤 영향을 미치는지 알아야 한다.

　물론 전문가처럼 알 필요는 없다. 아주 기본적인 내용만 숙지해도 투자 결정에 전혀 지장이 없다. 경제 전문가 수준으로 금리와 환율을 공부한다는 건 무모한 생각이다. 올바른 투자 결정을 내리기 위해서 아주 기본적인 원리만 이해하면 된다.

+ 금리를 알면 시장이 보인다

우선 금리가 부동산에 미치는 영향부터 알아보자. 금리가 오르면 무리하게 대출을 받아 집을 산 사람들은 이자 부담 때문에 힘들어진다. 그래서 어쩔 수 없이 집을 싼 가격에 내놓는 사례가 생긴다. 반면 금리가 내려가면 이자 부담이 덜하기 때문에 집을 사려는 수요가 늘어난다. 공급은 한정되어 있는데 수요가 몰리면 당연히 부동산 가격은 올라갈 수밖에 없다.

한마디로 부동산과 금리는 반비례 관계다. 금리가 오르면 부동산 가격이 내릴 가능성이 커지고, 금리가 내려가면 부동산 가격이 오를 가능성이 커진다. 가능성이라고 이야기한 이유는 반드시 금리가 오른다고 부동산 가격이 떨어지지 않고, 부동산 금리가 내린다고 부동산 가격이 오르지 않기 때문이다. 시장 상황과 부동산 가격 추이 등 여러 가지 지표가 개입한다.

일반적으로 금리가 오르면 주식, 부동산 등 투자자산은 늘어나는 이자 부담 때문에 가치가 떨어진다. 반대로 금리가 내려가면 돈의 가치가 떨어지기 때문에 투자자산은 오를 여지가 높아진다. 이렇게만 기억해두면 된다. 자본주의의 세계에서는 모든 결제가 기축통화인 달러로 이뤄지기 때문에 미국, 정확하게는 연방준비제도(Fed, 이하 연준)의 결정에 따라 금리가 결정되곤 한다. 예를 들어 미국이 금리를 올리면 국내 자본 유출이 생길 수 있다. 그래서 미국이 금리를 올리면 세계 각국도 자국의 금리를 올릴 수밖에 없다.

미국이 금리를 올리면 다른 국가들도 연쇄적으로 금리를 올린다. 갑자

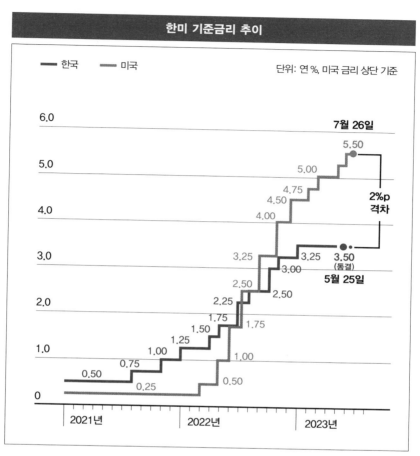

━ 한국 ━ 미국

단위: 연 %, 미국 금리 상단 기준

6.0

7월 26일

5.50

5.0

5.00

4.75

2%p
격차

4.50

4.0

4.00

3.25

3.50
(동결)

3.0

3.25

3.25

3.00

5월 25일

2.50

2.50

2.25

2.0

1.75

1.75

1.50

1.25

1.00

1.0

1.00

0.75

0.50

0.25

0.50

0

2021년   2022년   2023년

자료: 한국은행, 연준

기 금리가 급격히 오르면 자산시장은 침체기에 빠질 가능성이 커진다. 그
렇다면 미국은 왜 계속해서 금리를 올리는 걸까? 바로 물가를 잡기 위해서
다. 물가를 안정적으로 잘 관리하는 게 한국은행과 연준의 주요 임무다. 코
로나19 팬데믹 이후 풀린 막대한 유동성과 그동안 억눌린 소비심리가 폭

발하면서 물가가 오르는 건 필연적이었다.

　물가가 급격히 오르면 화폐 구매력이 떨어지고 불확실성이 커지면서 경제 활동을 위축시킨다. 그렇다고 물가를 잡기 위해 금리를 급격히 올리면 경기 침체를 일으킬 수 있어 주의가 필요하다. 최근 미국이 실업률 증가 추이 등을 면밀히 검토하고 있는 이유가 여기에 있다. 미국 경제가 가파른 금리 상승을 잘 견딜 수 있는지 확인하기 위해서다.

　전작 『대한민국 부동산, 어떻게 흘러갈 것인가』에서 1997년 IMF 외환위기처럼 미국이나 선진국이 아닌 신흥국에 경제위기가 찾아오면 금리를 인상하지만, 2008년 글로벌 금융위기 때처럼 미국에 경제위기가 찾아오면 금리 인하라는 정반대 처방이 이뤄진다고 언급한 바 있다. 2020년 코로나19 팬데믹 때도 미국은 자국 경기가 어려워지자 금리 인하라는 카드를 제시했다. 근래 미국이 금리 인상에 박차를 가하는 이유는 가파른 금리 인상에도 자국 경제가 이제는 어느 정도 버틸 수 있다고 판단하고 있기 때문이다. 너무 복잡하게 생각할 필요는 없다. 미국과 선진국이 경제적으로 어려우면 금리를 인하하고, 신흥국에 위기가 오면 금리를 인상한다는 큰 맥락만 기억하기 바란다.

　금리를 인상하면 아무래도 이자를 많이 주는 달러의 수요가 증가해 달러는 강세를, 다른 나라의 통화는 약세가 된다. 2022년 하반기에 고환율이 된 것도 이런 연유다. 미국 입장에서는 강달러를 유지하면 수입 물가가 저렴해지므로 물가 하락을 유도할 수 있다. 금리 상승과 강달러를 이용해 인플레이션을 다른 나라로 수출한다는 비판이 생긴 연유다. 물가가 잡히지 않는 한 미국의 금리 상승 기조는 계속 이어질 전망이다. 우리나라도 불가피하게 금리를 올릴 것으로 보인다.

전 세계 물가가 오르는 또 하나의 이유는 러시아-우크라이나 전쟁이다. 전쟁이 어떻게 끝날지 예측하기는 굉장히 힘들지만 명분 없이 전쟁에서 승리하는 경우는 역사적으로 유례가 없었다. 시간이 지나봐야 알겠지만 러시아가 패배할 것이라 예상하고 소망한다.

금리 상승은 부동산 투자에는 악재가 분명하다. 하지만 자연법칙만 진화하는 게 아니다. 투자자와 실수요자도 고금리 상황에서 투자 물건을 발굴하는 능력을 키울 것이라고 예상한다. 당분간 금리 추이를 잘 지켜보면서 금리가 내려가는 시점을 저울질하는 지혜가 필요하다.

내용이 어렵다면 금리와 관련해서 이것만 기억하면 된다. 금리 인상은 부동산 투자에 있어 불리한 조건이다. 반대로 금리 인하는 부동산 투자에 있어 좋은 여건이다.

+ 환율은 경제의 체온계

다음으로 환율이 부동산에 미치는 영향이다. 환율은 쉽게 말해 다른 나라 돈과 자국 돈의 교환비율이다. 1달러당 1,400원이라는 말은 외국 여행을 갈 때 1천 달러가 필요하면 우리 돈 140만 원을 환전해야 한단 뜻이다. 그런데 환율이 내려가 1달러당 1,200원이 되면 1천 달러를 만드는 데

120만 원만 필요해진다. 환율에 따라 20만 원의 차이가 생긴 것이다. 반대로 환율이 1달러당 1,600원으로 오르면 160만 원이 필요하기 때문에 1달러당 1,400원일 때보다 추가로 20만 원이 필요해진다. 환율이 오르면 우리나라 돈의 가치는 하락하고 강달러가 되는 반면, 환율이 하락하면 우리나라 돈의 가치는 상승하고 약달러가 된다.

환율은 경제의 체온계와도 같다. 환율이 오르면 우리나라 경제에 미열이 생긴다. 1997년 IMF 외환위기와 2008년 글로벌 금융위기 때 환율이 많이 올랐다. 반대로 환율이 지나치게 내려가면 저체온증처럼 우리나라 경제에도 좋지 않다. 수입 물가는 잡히지만 가격경쟁력이 떨어지기 때문에 수출이 잘되지 않는다. 따라서 적정 환율을 잘 유지하는 게 중요하다.

환율이 오른다는 건 우리나라 경제에 위기가 올 수도 있다는 전조증상이다. 그러므로 환율이 오르는 정확한 원인을 파악할 필요가 있다. 미국의 금리 인상으로 인한 강달러 기조는 우리나라만의 문제는 아니다. 2022년 이후 전 세계 통화가 달러 대비 가치가 떨어지고 있다. 하지만 고환율이 누군가에게는 기회가 될 수도 있다.

얼마 전 기념일이라 아내와 고급 식당에 간 적이 있다. 1인당 몇십만 원을 호가하는 식당이었다. 우리 자리 옆에 미국에서 오신 교포 한 분이 식사를 맛있게 하고 계셨다. 주방장이 교포 손님에게 "요즘 미국은 어떻습니까?"라고 묻자 "한국은 살기에 굉장히 좋네요" 하는 뜻밖의 대답이 나왔다. 그는 물가가 굉장히 싸기 때문에 좋다고 덧붙였다. 한국도 물가가 많이 올랐지만 환율 때문에 달러를 갖고 있는 입장에서는 한국의 물가가 굉장히 싸게 느껴졌을 것이다. 모든 것은 상대적이다. 마찬가지로 달러를 많이 갖고 있는 외국인이나 한국인 입장에서는 최근 많이 떨어진 국내 주식이나 부동산이 싸게 느껴질 수 있다.

이렇듯 환율 변동에 따라서 돈의 이동을 면밀히 관찰할 필요가 있다. 그리고 기본적으로 환율이 오르면 어떻게 시장이 변하는지, 반대로 환율이 떨어지면 어떤 식으로 시장이 바뀌는지 잘 살펴봐야 한다. 환율 상승과 국내 부동산의 시세 변화는 금리에 비해 직접적인 연관은 없다. 하지만 달러를 많이 갖고 있는 투자자 입장에서는 환율이 오르면 국내 부동산이 저평가 상태라고 판단할 수 있다.

금리와 환율은 이 정도 상식만 알아도 부동산 투자를 하는 데 전혀 문제가 없다. 금리와 환율의 추이는 인터넷 검색을 통해 쉽게 찾아볼 수 있다. 다음 장에서는 화폐가치 하락의 근본적인 이유와 부동산 투자의 당위성에 대해 생각해보는 시간을 갖겠다.

화폐가치 하락과 실물자산의 중요성

　화폐가치 하락과 실물자산의 중요성은 이미 많은 부동산 전문가가 언급한 내용이다. 그래서 생략할까 고민했지만 부동산 투자에 있어 핵심 중의 핵심이기 때문에 가급적 쉽고 간략하게 언급하고 넘어가겠다.

　부동산 투자자 중에 대치동 은마 아파트를 모르는 사람은 없을 것이다. 은마 아파트 분양 당시 선착순 분양이라 홍보하며 평당 68만 원이라는 신문 광고가 올라왔다. 계산하면 34평 분양가가 당시 대략 2,312만 원이었다. 현재 은마 아파트 시세가 25억 원쯤 된다고 하면 분양가 대비 약 100배 오른 것이다.

　분양 당시 1억 원으로 은마 아파트 4채를 샀다면 오늘날 400억 원이 넘는 자산을 보유하게 된다. 40년도 더 된 이야기이니 30세쯤 은마 아파트를 분양받았다면 현재는 70대 노인일 것이다. 입지 좋은 곳에 위치한 아파트를 보유했을 뿐인데 수백억 원의 자산가가 된 것이다. 만약 그때 1억 원이라는 돈을 항아리에 묻어서 노후 자금에 보태겠다고 결심했다면 어떻게 되었을까? 70대인 지금 1억 원이라는 돈을 꺼내도 할 수 있는 일은 많지 않다. 이처럼 현금이 아닌 실물자산을 보유한다는 건 자산 방어 및 증식에 있어 정말 중요한 요소다.

+ 돈의 가치는 떨어지고 자산의 가치는 오르고

투자자의 입장에서 우리는 항상 '돈의 가치는 떨어진다'라는 기본 명제를 염두에 둬야 한다. 왜 돈의 가치는 떨어지는 걸까?

미국의 달러는 어느 나라에서나 통용된다. 해외여행을 가본 사람이라면 어느 나라든 달러로 결제가 이뤄지는 경험을 해봤을 것이다. 달러가 공인된 기축통화이기 때문에 그렇다. 1971년 이전까지만 해도 달러는 금과 연동되어 있었다. 달러를 발행하기 위해서는 그 가치만큼의 금을 예치해야 했다.

알다시피 금은 수량이 제한되어 있다. 즉 금 자체의 채산량이 늘어나지 않고서는 화폐 발행이 늘어나는 것이 근본적으로 불가능했다. 하지만 1971년 8월 15일, 리처드 닉슨 대통령이 금본위제를 폐지하면서 상황이 달라졌다. 달러 발행에 제약이 사라지면서 시간이 가면 갈수록 돈의 가치가 하락하는 일이 벌어졌다.

기축통화인 달러의 발행이 무한대로 가능하다면 돈의 가치가 하락하는 것은 필연적인 일이다. 달러로 교환되는 모든 화폐도 마찬가지이기 때문에 어떤 돈이든 장기적으로 갖고 있으면 손해를 본다. 물론 경기 사이클에 따라 자산을 사는 것보다 현금을 보유하는 게 유리한 때도 있다. 요점은 장기적인 관점에서 봤을 때 현금을 갖고 있는 것보다 실물자산을 갖고 있는 게 훨씬 유리하다는 것이다.

앞서 언급한 은마 아파트가 대표적인 사례다. 당시에는 평당 68만 원도 일반인에게는 굉장히 부담스러운 금액이었을 것이다. 그도 그럴 것이 1970년대에는 짜장면이 100원대였다. 요즘에도 그렇다. 돈이 있다고 하더라도 선뜻 부동산을 사기가 두렵다. 예전 가격과 비교해 너무 비싸다는 생각에 못 사는 경우도 있다.

예를 들어 목동에 있는 A아파트가 과거 7억 원이었는데 10억 원까지 오르면 왠지 3억 원 손해 보는 기분이 들어 투자를 망설이게 된다. 소위 상투를 잡는 느낌이 든다. 그렇게 세월이 흐르고 돌아보면 10억 원이었던 A아파트는 어느새 15억 원까지 치솟는다. 아마 비슷한 경험을 가진 사람이 많을 것이다.

부자가 되기 위해서는 2가지 사실을 숙지해야 한다. 첫째, 돈의 가치는 시간이 지날수록 하락한다. 따라서 전세를 사는 것도 내 돈의 가치를 떨어뜨리는 방법 중 하나다. 장기적으로 부자가 되기 위해서는 절대 전세를 살면 안 된다. 둘째, 한 번 오른 가격은 예전 가격으로 잘 떨어지지 않는다. 부동산뿐만 아니라 다른 재화의 가격도 마찬가지다. 1970년대에 짜장면 한

그릇이 100원이었다고 다시 100원으로 돌아가기 힘든 이유와 마찬가지다. 이 두 가지 원칙만 기억하면 부동산 투자를 훨씬 잘할 수 있다.

합리적 의사결정에
매번 실패하는 이유

　부동산 투자로 돈을 버는 건 어떻게 보면 너무 간단하다. 저평가된 아파트를 사서 오랜 기간 보유하거나, 다른 저평가된 지역을 선별해서 2년마다 비과세로 갈아타는 식으로 투자하면 된다. 다주택 전략으로 여러 채의 아파트를 보유하는 방법도 있다. 한 문장으로 표현하면 이렇다.

　현금을 보유하지 말고 가치 있는 부동산을 사는 데 쓴다.

　이게 부동산 투자의 본질이다. 부동산 투자로 돈 버는 방법은 조금만 찾아보면 누구나 알 수 있다. 그렇지 않은가? 기본적인 내용은 유튜브에도 얼마든지 나와 있다. 물론 잘못된 정보도 꽤 있지만 조금만 손품을 팔면 기초적인 지식은 쉽게 배울 수 있다.

＋ 변수는 본능과 이성

부동산 투자는 다이어트와 비슷하다. 다이어트의 본질은 적게 먹고 많이 움직이는 것이다. 많은 사람이 알고 있는 내용이지만 실천하는 경우는 드물다. 막상 음식이 눈앞에 있으면 먹고 싶다는 본능을 억누르지 못한다. 운동을 꾸준히 하면서 식사량을 줄이면 누구나 살을 뺄 수 있다. 먹고 싶다는 본능에 매번 굴복하기에 살이 찌는 것이다.

유발 하라리 교수는 『사피엔스』를 통해 우리가 치킨, 피자, 햄버거와 같은 열량 높은 음식을 선호하는 이유에 대해 설명한다. 먹을 게 없었던 선사시대에는 끼니를 때울 때 이왕이면 칼로리가 높은 음식을 먹는 게 생존에 도움이 되었다. 수만 년 전에는 음식을 매번 챙겨먹을 수 있는 환경이 아니었기 때문에 가급적 기회가 있을 때 칼로리 높은 음식을 섭취해야 했다. 즉 똑같이 배를 채운다면 방울토마토보다는 고기를 먹는 게 생존에 더 유리했다. 그래서 인간의 몸은 열량이 높을수록 더 맛있게 느껴지도록 진화했다. 치킨, 피자, 햄버거가 맛있는 이유가 수만 년간 이어진 인간의 본능 때문이라니, 재밌지 않은가?

이런 본능으로 인해 우리는 때때로 굉장히 비이성적인 판단을 내린다. 주가나 부동산 가격이 하락하면 마음이 굉장히 불편하고 스트레스를 받는다. 불편한 마음을 참지 못해 팔지 말아야 할 때 팔고, 사지 말아야 할 때 산다. 사람들은 주로 패닉 상황에 빠지거나 지나치게 슬픈 감정을 느낄 때 비이성적인 판단을 내린다.

오랜 기간 잠실에 아파트를 보유하고 있던 분이 계셨다. 그런데 부동산 시장이 막 활황기에 접어들기 직전에 해당 아파트를 헐값에 팔았다. 그런 결정을 내린 이유는 무엇일까? 원래 그 아파트를 아들에게 넘겨주려고 했는데, 아들과 크게 싸운 시기에 마침 공인중개사로부터 잠실 아파트를 팔지 않겠느냐는 전화가 왔다. 홧김에 혹은 너무 슬픈 마음에 잘못된 선택을 내렸고 그 일을 두고두고 후회했다. 이처럼 우리는 감정 상태에 따라, 컨디션에 따라 잘못된 의사결정을 내리곤 한다.

　인간은 위대한 존재처럼 보이지만 어떤 면에서는 본능에 충실한 동물이기도 하다. 본능을 조절하지 못해서 잘못된 판단을 내리는 경우가 많다. 예를 들어 주식 시장이 흔들리면 개미들은 쉽게 패닉에 빠져 투매 릴레이가 벌어진다. 이런 투매 현상이 벌어질 때 현명한 투자자들은 조용히 저평가된 주식을 매집한다. 부동산도 마찬가지다. 집값이 더 이상 오르지 않는다는 생각이 팽배해지면서 시장이 혼란에 잠겼던 2014~2015년에도 조용히 매집에 나선 고수들은 분명히 존재했다. 결국 주식이든 부동산이든 성공하기 위해선 다른 사람들이 모두 아니라고 할 때 홀로 본능을 억누르고 나설 수 있는 용기가 필요하다.

　본능을 거스른다는 건 말이 쉽지 정말 어려운 일이다. 먹고 싶은 걸 마음대로 못 먹고 운동하면서 다이어트를 한다는 게 어디 쉬운 일이던가? 불나방은 태초에 불빛이 있는 곳에 가야 안전했다. 그 본능이 아직 남아 있어 동료들이 불에 타 죽는 걸 보면서도 불길로 뛰어든다. 마찬가지로 인간의 불안한 심리도 수만 년 전부터 이어진 본능의 결과다. 인간의 본능은 대개

보수적이다. 탐험을 한다고 함부로 모르는 지역에 갔다가 생명을 잃거나 다치는 일이 굉장히 많았을 것이다. 그래서 본능적으로 인간은 잘 모르는 길을 두려워한다. 경험해보지 못한 일, 생소한 일에 두려움을 느끼기에 시장이 조금만 흔들리면 공황 상태에 빠지는 것이다.

투자의 세계에서 살아남기 위해선 인간의 심리 상태를 깊이 있게 고민해봐야 한다. 불안이 똬리를 튼다면 이 감정이 어디서 오는지 마음속 깊은 곳에서 관찰해야 한다. 불편하고 불안한 마음에 갈피를 못 잡고 잘못된 선택을 하는 경우가 굉장히 많다. 만일 자기 본능을 조절할 수 없다면 투자에 임해서는 안 된다. 투자자는 수양을 많이 쌓아야 한다. 내공을 갖추기 위해 머리로는 지식을 습득해야 하고, 가슴으로는 냉철한 판단을 내릴 수 있어야 한다. 그래서 투자는 고독하고 힘든 일이다.

통찰력은 어디서 오는가?

저평가된 부동산을 찾기 위해서는 기본적으로 통찰력이 있어야 한다. 똑같은 사물을 봐도 사물의 본질까지 꿰뚫어 보는 사람이 있고 그렇지 않은 사람이 있다.

얼마 전 모임에서 만난 사람들과 음악회에 간 적이 있다. 여러 성악가들이 한데 모여 노래를 부르는데 유독 한 분의 목소리가 작게 느껴졌다. 살펴보니 고정된 마이크가 원인으로 보였다. 마이크에서 조금 떨어진 곳에서 노래를 불렀기에 목소리가 작게 느껴진 것이다. 음악회가 끝나고 지휘자와 관계자 몇 분과 함께 뒤풀이 자리를 가졌는데, 함께 참석한 어떤 사람이 "노래 소리가 작은 걸 보니 설비가 좋지 않은 것 같아요"라고 말했다. 내가 느낀 걸 그분도 비슷하게 느낀 모양이었다. 다만 원인에 대해서는 서로 다른 견해를 갖고 있었다.

똑같은 자리에 있고, 똑같은 현상을 겪어도 사람에 따라 다르게 생각할 수 있다. 만약 설비를 지적한 그 사람이 총책임자였다면 음향설비 교체에 대대적인 비용을 투입했을 것이고, 내가 결정권자였다면 성악가들의 위치와 마이크 간격을 조정했을 것이다. 이처럼 해석에 따라 의사결정과 대응 과정은 판이하게 달라진다.

✛ 사색과 통찰력의 힘

아이작 뉴턴은 떨어지는 사과를 보고 만유인력의 법칙을 발견했다. 제임스 왓슨은 끓는 물에 들썩거리는 주전자 뚜껑을 보고 열에너지가 운동에너지로 바뀔 수 있다는 생각을 했고, 증기기관의 발명으로 인류는 한 단계 더 발전할 수 있었다. 이처럼 위대한 발견과 발명은 깊은 사색에서 비롯되었다 해도 과언이 아닐 것이다. 깊은 사색은 인간이 지닌 무한한 능력 중에 하나다. 우리는 생각하는 힘으로 통찰력을 키울 수 있다. 세상의 본질을 꿰뚫어 볼 수 있다.

사색과 통찰력은 부동산 투자에도 유효하다. 믿지 못하겠지만 나는 고등학교 때부터 부동산 투자의 세계에 뛰어들었다. 미성년자가 투자의 세계에 발을 담글 수 있는 방법은 하나뿐이다. 바로 사색이다. 초등학교 때 허허벌판이었던 목동에 아파트가 들어왔다. 당시 우리 집은 단독주택에 살았는데 그 집을 팔면 목동에 있는 아파트 3채를 살 수 있었다. 내가 고등학생이 되자 목동 지역은 가격이 많이 올랐다. 그때는 우리 집을 팔아도 목동에 있는 아파트를 한 채도 살 수 없었다. 나는 어른이 되면 꼭 돈을 모아서 목동에 있는 아파트처럼 장기적으로 가치가 상승하는 부동산에 투자하겠다고 다짐했다. 그리고 그 다짐을 지금까지 꾸준히 지키고 있다.

통찰력은 과연 타고나는 것일까, 아님 후천적인 노력의 결과물일까? 상담을 받은 회원 중 한 분은 10년간 경제신문을 광고까지 한 자도 놓치지 않고 매일 읽었다고 한다. 하지만 그러한 성실함이 투자 성과로는 이어지지 못했다. 주식도, 부동산도 수익률은 마이너스였다. 나는 상담을 통해 좀 더 효율적인 방향으로 공부하라 권했다. 일단 본인이 주체적으로 생각의 중심을 잡아야 정보도 다루고 가공할 수 있다. 생각의 중심이 서면 헤드라인만 봐도 내게 필요한 정보인지 아닌지 알 수 있다. 수능 공부하듯이 기사 내용을 달달 숙지하기보다 필요한 정보만 취합하는 편이 훨씬 효율적이다. 통찰력은 후천적으로 얼마든지 발달시킬 수 있다. 그러기 위해서는 일단 생각의 방향성을 잡아야 한다. 만약 엄청나게 노력했음에도 불구하고 인생이 크게 나아지지 않았다면 방향성부터 다시 검토할 필요가 있다.

삶의 방향성만 잘 잡아도 성공의 문턱까지 갈 수 있다. 문턱을 넘는 건 그다음 문제다. 모르는 길을 갈 때 내비게이션이 있는 것과 없는 것은 천지 차이다. 노력해도 성과가 안 나온다면 내가 맞게 가고 있는지 다시 한번 점검해봐야 한다. 이후에는 깊은 사색을 통해 통찰력을 키워야 한다. 깊은 사색과 고민을 통해 지름길을 발견하면 같은 길도 더 빨리 갈 수 있다. 항상 '왜?'라는 질문을 끊임없이 던져야 한다. '인간의 삶에서 가장 중요하고 소중한 건 무엇인가?' 하는 다소 철학적인 질문부터 '왜 나는 아직 부자가 되지 못했는가?' '왜 나는 다이어트에 매번 실패하는가?' '왜 나는 이성으로부터 인기가 없는가?' 등 지엽적이고 실질적인 고민도 이어나가야 한다.

일단 생각해야 행동이 되고, 행동해야 습관이 되고, 습관으로 인생이 바뀐다. 가장 중요한 건 당신이 상상하는 대로 당신의 인생이 펼쳐진다는 것이다. 이 말을 반드시 기억하면 좋겠다.

3장
'저평가' 부동산으로
수익률 올리는 비법

"남들이 겁을 먹고 있을 때 욕심을 부려라.
남들이 겁을 먹고 있을 때가 욕심을 부려도 되는 때다."

_워런 버핏

저평가 부동산이란 무엇인가?

워런 버핏은 오랫동안 주식 시장에서 잃지 않는 투자를 이어오고 있다. 주식 시장의 미래를 아는 무슨 비결이라도 있는 걸까? 여러 인터뷰를 통해 그는 시장을 예측하지 않는다고 말했다. 아니, 정확히는 예측할 수 없다고 말했다. 그의 투자 원칙은 간단하다. 저평가된 주식을 사서 오랫동안 보유한다. 시간이 지나면 그 가치를 인정받고 주가가 오른다. 즉 저평가된 주식을 오랫동안 보유함으로써 자산을 키운다.

부동산 투자도 마찬가지다. 상대적으로 저평가된 부동산이 있기 마련이고, 그런 부동산을 잘 찾아서 투자하면 큰 리스크 없이 성공할 수 있다. 우리가 부동산 투자로 실패하는 경우는 딱 2가지 경우밖에 없다. 하나는 기획부동산이나 지역주택조합 등 리스크가 높은 부동산을 사는 경우다. 다른 하나는 가격이 천정부지 치솟을 때 대출을 많이 받아서 고점에 사는 경우다. 잘 생각해보면 이 2가지 외에는 부동산, 특히 아파트 투자로 실패하는 경우는 거의 없다. 따라서 이 2가지만 주의하면 리스크가 거의 없다고 해도 과언이 아니다.

+ 저평가 부동산, 어떻게 찾을 것인가?

그렇다면 저평가 부동산은 어떻게 찾을 수 있을까? 여러 가지 요인이 있지만 간단하게 살펴보면 다른 데에 비해 시기적으로 혹은 가격적으로 저렴하면 된다. 시기적으로 저렴하다는 건 쉽게 말해 다른 사람이 부동산에 관심을 갖고 있지 않을 때 오는 기회를 말한다. 1997년 IMF 외환위기, 2008년 글로벌 금융위기 이후 한동안 부동산으로 돈 버는 시대는 끝났다는 의견이 지배적이었다. 돌이켜보면 이때가 오히려 좋은 기회였다. 항상 '위기가 기회다'라는 생각을 갖고 시장을 바라봐야 한다.

반대로 남들이 열광하고 모든 사람이 주식이나 부동산에 투자할 때 오히려 조용히 주식이나 부동산을 팔고 나와야 한다. 2006년 부동산 버블 때도 그랬고, 2020년 부동산 폭등장 때도 마찬가지였다. '소문난 잔치집에 먹을 게 없다'라는 말은 진리다. 그도 그럴 것이 소문난 잔치집은 너도 나도 찾다 보니 먹을 게 남아 있을 리 없다. 그보다는 조용히 소문나지 않은 잔치집을 찾아야 한다. '소문에 사서 뉴스에 팔라'는 격언도 같은 맥락이다. 명심해야 한다. 우리가 조심해야 할 시기는 모든 사람과 언론이 부동산에 관심을 가질 때다. 그때 너무 무리해서 대출을 받아 진입하면 실패할 확률이 높다.

안전마진을 확보하는 전략으로 투자하면 리스크를 줄일 수 있다. 안전마진이란 최소 이 정도의 이익은 안전하게 챙길 수 있다는 개념으로, 예를 들어 1억 원짜리 아파트를 7천만 원에 살 수 있다면 최소 3천만 원의 안전마진을 챙길 수 있다. 안전마진을 최대한 확보한 상태에서 투자하는 습관을 길러야 한다.

부동산으로 안전마진을 확보할 수 있는 방법은 크게 5가지다.

첫째, 급매를 노리는 전략이다. 살다 보면 급하게 집을 처분해야 하는 경우가 있다. 그럴 경우 어쩔 수 없이 시세보다 저렴하게 물건을 내놓는다. 이런 급매물만 잘 잡아도 최소한의 안전마진을 확보하고 돈을 벌 수 있다. 하지만 급매라는 개념이 시황에 따라 조금 다를 수 있기 때문에 주의가 필요하다.

예를 들어 부동산이 한창 오르고 있는 상승장에서는 시세가 최근에 거래된 가격과 같다고 하더라도 급매일 수 있다. 반대로 가격이 하락하고 있는 추세라면 시세가 최근에 거래된 가격보다 저렴해도 급매가 아닐 수 있다. 2억 원짜리 아파트가 1억 8천만 원에 나왔다 해도 하락장에서는 추가로 가격이 하락할 수 있기 때문에 급매인지 아닌지 꼼꼼히 검토해봐야 한다. 일반적으로 상승장에서는 시세의 10%만 저렴해도 급매라고 할 수 있지만, 하락장에서는 시세보다 20~30% 저렴해도 급매가 아닐 수 있다.

급매물을 잘 잡기 위해서는 한 지역만 들여다보는 것은 금물이다. 가능한 한 많은 지역을 넓게 들여다봐야 좋은 기회를 발견할 수 있다. 예를 들어 본인이 사는 지역인 영등포 일대만 분석하지 말고 강서구, 강동구, 하남 일대 등 최대한 많은 지역을 관찰해야 한다.

둘째, 분양가 상한제가 적용된 아파트를 청약으로 매수하는 방법이다. 분양가 상한제 아파트는 인근 시세보다 저렴하게 공급된다. 청약을 통해서 당첨되면 아파트를 계약할 수 있다. 다만 당첨 확률이 높지 않아서 아파트 청약만 노리면 내 집 마련이 굉장히 늦어질 수 있다. 청약은 내가 선택하는 게 아니라 선택받는 개념이다. 청약 물량이 나올 때마다 넣는 전략으로 접근해야 그나마 당첨 확률이 올라간다. 청약과 관련해서는 뒤에서 좀 더 자세히 다루겠다.

셋째, 전세가율이 높은 아파트나 오피스텔을 구입하는 방법이다. 전세가율이 높아지면, 즉 전세가가 상승하면 내가 들어간 돈의 원금을 회수할 수 있다. 호재가 있거나 입지적으로 내재가치가 뛰어난 지역은 전세가율이 높아진다. 일례로 2020년에 방사광가속기가 청주에 유치된다는 기사를 접하고 오창 우림필유 전용면적 59m²를 1억 4,500만 원에 매수했다. 당시 전세를 1억 3,500만 원에 맞췄는데, 이후 매매가와 전세가가 같이 상승해서 전세가가 2억 원을 훌쩍 넘었다. 전세만 놓아도 원금 이상을 확보할 수 있게 된 것이다.

전세가율이 높다는 건 그만큼 수요가 많고 상대적으로 저평가되어 있다는 뜻이다. 이런 저평가되어 있는 물건은 교통이 개선되거나 일자리가 증가하는 등 특정 호재를 이유로 가격이 급상승할 수 있다. 따라서 특정 지역에 유리한 뉴스가 나오면 인근에 다른 저평가된 부동산은 없는지 확인하는 연습을 꾸준히 해야 한다.

넷째, 마이너스 프리미엄이 나오는 아파트나 오피스텔을 매입하는 방법이다. 입주물량이 쌓인 시점에 잔금을 못 치르는 경우 마이너스 프리미엄, 즉 분양가보다 더 낮은 금액으로 물건을 내놓는데 이때 기회를 포착할 수 있다. 2018년, 마이너스 프리미엄이 자주 보였던 지역이 김포와 하남이었다. 입주물량이 많다 보니 계약금을 포기하는 마이너스 프리미엄이 많이 나왔는데 그때 용기 있게 진입한 투자자는 큰 수익을 볼 수 있었다. 마이너스 프리미엄으로 나왔던 김포 아파트와 하남 미사 오피스텔은 현재 대부분 분양가 이상으로 올랐으며 임대수익도 잘 나오고 있다. 다시 한번 강조하지만 위기가 곧 기회다.

마지막으로 다섯째, 임대가 맞춰진 상가다. 제1금융권 은행이나 대기업 등 우량한 임차인이 맞춰진 상가인데 수익률까지 높다면 임대수익을 받기 위한 투자로 나쁘지 않다. 특히 장사가 잘되는 곳은 추후 상가의 가치도 크게 올라갈 수 있기 때문에 안전마진을 확보할 수 있다. 다만 상가 중에 시행사 혹은 분양대행사와 짜고 임대수익을 맞춰놓고 분양하는 경우도 있어 주의가 필요하다. 주변 상가 대비 적정한 임대료인지 확인하고 들어가는 게 무엇보다 중요하다.

지금까지 간단하게나마 안전마진을 확보하는 5가지 방법에 대해 알아봤다. 이 밖에도 저평가 부동산을 찾는 방법은 다양하다. 중요한 건 본인만의 소신으로 저평가 부동산을 꾸준히 찾는 연습을 하는 것이다. 처음에는 힘들겠지만 꾸준히 하다 보면 자신만의 기준이 생긴다. 그 기준으로 저평가 부동산을 찾는 연습을 성실히 하기 바란다.

오르는 아파트 vs. 오르지 않는 아파트

오르는 아파트와 오르지 않는 아파트는 분명한 차이가 있다. 가격에 영향을 미치는 몇 가지 요인을 살펴보면 다음과 같다.

+ 가격을 견인하는 9가지 요인

1. 세대수

대표적으로 잘 오르지 않는 아파트가 나홀로 아파트다. 물론 근처 대단지 아파트가 많이 오르면 나홀로 아파트도 가격이 오르곤 한다. 하지만 대단지 아파트가 오르는 것보다는 상승폭이 현저히 작다. 따라서 투자 목적이라면 나홀로 아파트는 피하는 것이 좋다.

2. 남향

이왕이면 남향이면 좋다. 남향은 하루 종일 해가 들어와 겨울에 난방을 하지 않아도 따뜻하다. 동향, 남향, 서향 아파트에 각각 살아본 적이 있는데 동향은 아침에 해가 너무 많이 들어와서 커튼을 쳐야 했고, 서향은 석양은 아름다웠지만 해가 저녁 무렵에만 잠깐 들어와 따스한 느낌이 적었다. 남향 아파트는 하루 종일 따뜻하고 포근해 여러모로 장점이 많았다. 태양의 고도가 낮은 겨울에는 해가 많이 들어와 난방비를 절약할 수 있어 좋고, 태양의 고도가 높은 여름에는 햇빛이 적게 들어와 다른 방향에 비해 상대적으로 시원하다.

3. 단지 모양

단지 모양을 고를 때는 이왕이면 네모반듯한 형태가 좋다. 정사각형 모양이면 더 좋고, 가로세로 비율이 3:2 정도인 직사각형 모양도 좋다. 기역자 모양, 뱀처럼 길쭉한 모양, 동그란 모양, 세모 모양은 땅의 효율성이 떨어지기 때문에 피하는 것이 좋다.

4. 경사

이왕이면 구릉지보다 평지 아파트가 더 좋다. 경사가 있으면 올라가는데 힘이 들기 때문에 선호도가 조금 떨어진다. 최근에는 이런 구릉지에 있는 아파트 단지에 엘리베이터, 에스컬레이터를 설치해 단점을 만회하려는 곳이 늘고 있다.

5. 학군

학군이 좋은 아파트가 좋다. 소위 '초품아'라고 해서 단지 내에 초등학교가 있으면 좋다. 중학교까지 있으면 더욱 좋고, 명문 학교라면 가격적인 측면에서 강점이 생긴다. 예를 들어 목동에 위치한 몇몇 대단지 아파트는 단지 내에 명문 중학교, 고등학교가 들어오면서 가격이 더 오른 측면이 있다. 자녀를 둔 부모라면 교통이 조금 불편하더라도 학군이 좋은 아파트를 선호하기 때문에 어쩌면 학군이 교통보다 더 중요한 요소일 수 있다.

6. 역세권

역세권 아파트가 좋다. 차가 없더라도 역세권 아파트는 지하철을 타고 쉽게 이동할 수 있다. 일반적으로 역세권 아파트라고 하면 역까지 도보 10분 이내에 있는 물건을 말한다. 역세권 아파트와 학군을 비교하면 자녀가 있는 집은 학군을 좀 더 따지고, 자녀가 없는 직장인은 역세권 아파트를 선호한다. 따라서 역세권 아파트는 자녀가 없는 직장인이 선호할 만한 소형 평형이 강세를 보인다. 학군이 좋은 지역은 자녀가 있기 때문에 대형 평수가 좀 더 선호된다.

7. 주차장

주차장은 지하로 들어가 있으면 좋다. 요즘 신축 아파트는 대부분 지하 주차장이다. 지상은 조경과 여러 미술품으로 꾸며놓는다. 밖에 나가지 않더라도 아파트 단지 내에서 산책이 가능할 만큼 녹지 공간을 조성한다.

8. 커뮤니티시설

단지 내에 피트니스센터, 골프연습장, 수영장 등의 편의시설이 많은 아파트가 가격도 많이 오른다. 최근에는 단지 내에 영화관과 볼링장이 생길 정도로 수준 높은 커뮤니티시설을 자랑하는 아파트가 많다. 코로나19 팬데믹 이후 자택근무 등으로 집에서 일하는 경우가 많아지면서 커뮤니티시설이 부쩍 발전했다. 나도 주로 집에서 집필과 상담을 하다 보니 단지 내 북카페나 스카이라운지 카페를 자주 이용한다. 커뮤니티시설이 잘 갖춰진 아파트가 살기에도 좋고 가격도 잘 오른다.

9. 주변 인프라

백화점, 영화관, 마트 등 편의시설이 가까이 있으면 좋다. 반면 비행기 소음이 심한 공항이나 쓰레기소각장, 송전탑, 유흥업소 등이 근처에 있으면 시세에 악영향을 미친다. 철도 주변 아파트도 좋은 아파트는 아니다. 소음 및 분진 문제 때문이다. 진입로가 좁은 아파트도 좋지 않다. 차가 진입하고 나가는 데 어려움이 있으면 안 된다.

9가지 요인 외에도 고려해야 할 부분은 다양하지만 기본적으로 이 정도만 알아도 오르는 아파트와 오르지 않는 아파트의 차이를 어느 정도 분간할 수 있다. 그럼 서울에 위치한 나홀로 아파트와 수도권에 위치한 대단지 아파트 중에서는 어떤 물건이 비교우위에 있을까? 많은 분이 고민하는 부분인데 가격적인 부분도 함께 고려해야겠지만 서울 나홀로 아파트보다는 수도권 대단지 아파트가 투자가치 측면에서 뛰어나다고 생각한다. 물론 서울에 직장이 있다면 서울 나홀로 아파트가 거주하기에는 훨씬 수월할 것이다. 이럴 경우 거주지와 투자처를 분리해서 서울 나홀로 아파트는 전세로 살고, 수도권 대단지 아파트는 매입한 뒤 전세를 놓는 방법을 고려해 볼 만하다.

저평가 부동산의 적정 가치와 수익률

+ 저평가 부동산 찾는 3가지 비법

저평가 부동산을 찾는 방법은 크게 3가지로 나뉜다.

1. 인근 매물과 비교하기

먼저 인근 지역이나 상황이 유사한 다른 지역과 매매가를 비교해 적정 가격을 산출하는 방법이다. 김포 한강신도시 신축 아파트가 8억 원대인데 양주 옥정신도시 신축 아파트가 5억 원대라면, 옥정신도시 아파트가 좀 더 저평가되어 있다고 판단할 수 있다. 물론 단순 매매가뿐만 아니라 강남 접근성, 교통 호재, 개발 호재, 학군 등 비교 대상은 다양하다. 그래도 역시 가장 중요한 건 매매가다.

2. 원가법

원가법을 통해 저평가 여부를 알 수 있다. 건축비를 통해 원가를 계산한 다음, 만일 현재 건축비보다 건물 가격이 싸거나 크게 비싸지 않다면 저평가되어 있음을 알 수 있다. 주로 상가주택, 단독주택 등의 적정가격을 유추할 때 쓰는 방법이다. 건축비보다 건물 가격이 훨씬 높다면 그만큼 프리미엄이 붙었다는 뜻이다. 신규 분양하는 아파트도 다른 지역의 분양가와 건축비를 고려해서 비교하면 저평가 여부를 확인할 수 있다. 최근처럼 땅값, 원자재 가격이 오르는 상황에서는 분양가 상한제로 책정된 아파트 분양가가 상대적으로 저렴할 수 있다. 따라서 분양권 전매제한이 풀려 있어 분양권 거래가 가능한 지역의 단지를 매수하는 것도 한 방법이다.

3. 수익률 비교법

수익률 비교법은 수익률에 따라서 건물의 가치를 매기는 방법이다. 일반적으로 상가, 오피스텔, 지식산업센터 등 수익형 부동산의 저평가 여부를 판가름할 때 많이 쓰인다. 수익형 부동산의 경우 대출을 끼고 자기자본 수익률이 6% 이상만 나와도 나쁘지 않다. 아무래도 지방의 상가, 오피스텔이 수익률이 좋은 편이고 서울이나 강남으로 들어올수록 수익률이 떨어진다. 특히 서울 핵심 입지에 위치한 건물은 임대수익률이 2%도 안 되는 곳이 많다. 다만 서울 핵심 입지라면 추후 건물 자체의 가격이 더 크게 오를 수 있고, 매매도 비교적 잘되기 때문에 단순히 수익률만 놓고 평가할 수는 없다.

+ 수익률 계산하기

저평가 부동산을 찾았다면 이제 예상 수익률을 계산해봐야 한다. 간단하게 수익률을 계산하는 방법을 알아보자.

1억 원이라는 돈을 6% 금리로 대출받았다고 가정해보자. 그럼 한 달에 이자는 얼마일까? 연이자는 원금 1억 원의 6%, 즉 원금 1억 원에 0.06을 곱한 600만 원이다. 연이자 600만 원을 12개월로 나누면 한 달에 내야 할 이자는 50만 원이다. 물론 원금과 같이 갚는다면 원리금까지 내야 하기 때문에 금액은 더 올라간다.

매매가 1억 7천만 원짜리 오피스텔을 샀는데 보증금 1천만 원, 월세 70만 원을 받는다고 가정해보자. 1년 수익은 월세 70만 원 곱하기 12개월, 즉 840만 원이다. 1년 수익 840만 원을 보증금 1천만 원을 제한 실제 투자금 1억 6천만 원으로 나누면 1년 수익률은 5.25%라는 걸 알 수 있다. 단순 계산이기 때문에 취득세, 재산세, 중개수수료 등은 제했다. 5.25%라는 수익률만 놓고 보면 은행권의 웬만한 채권 수익률보다 높은 값이다.

그런데 만약 해당 오피스텔을 담보로 4% 금리로 1억 원을 대출받는다면 수익률은 어떻게 될까? 1억 원의 이자는 연 400만 원이고, 1년 수익 840만 원에서 이자 400만 원을 제하면 실제 수익은 440만 원이다. 대출 1억 원과 보증금 1천만 원은 내 자본이 아니므로 매매가 1억 7천만 원에서 순수하게 들어간 내 원금은 6천만 원이다. 440만 원을 6천만 원으로 나누면 수익률은 약 7.3%에 달한다. 이처럼 대출을 활용하면 수익률이 더 올라가는 걸 알 수 있다. 금융상품은 부동산처럼 대출이 많이 나오지 않는 반면, 부동산은 담보를 잡으면 감정가의 통상 60% 이상 대출이 나오기 때문에 레버리지를 활용해 수익률을 극대화시킬 수 있다.

이처럼 내가 투자하고자 하는 부동산의 적정 가치를 계산하고, 다른 부동산과 수익률을 비교해봄으로써 투자가치가 있는지 판단할 수 있다. 혹은 해당 건물의 원가와 현재 가격 간의 괴리를 산출해 저평가 여부를 판단할 수 있다. 하나의 방식으로만 부동산의 가치를 평가할 게 아니라 앞서 소개한 원가법, 수익률 비교법 등을 모두 고려하기 바란다.

만일 단 한 가지 방법만 택해야 한다면 인근 매물과 비교하는 방법이 가장 좋다. 인근 매물과 비교하는 것이 가장 합리적이고 손쉬운 방법이다. 동네 주부들은 보통 장을 계속 보기 때문에 사고자 하는 물건의 시세를 꿰뚫고 있다. 마트에서 할인행사라도 하면 귀신같이 가격을 비교해 저렴한 물건을 산다. 부동산도 마찬가지다. 사고자 하는 지역의 시세를 꿰고 있으면 급매가 나왔을 때 그 가치를 바로 알 수 있다. 본인이 시세를 꿰고 있는 지역이 늘어나면 늘어날수록 더 많은 기회를 잡을 수 있다.

과거의 집값에
얽매이지 말자

누누이 말하는 '저평가'란 무엇일까? 주관적인 관점은 다를 수 있기에 어떤 물건이 저평가라고 판단하기란 쉽지 않다. 저평가란 기준은 상대적인 개념이다. 다른 아파트보다 저렴하다고 느껴지면 저평가라고 생각할 수 있다. 최근 들어 가격이 가파르게 오른 물건일지라도 다른 아파트보다 좀 더 저렴하다면 저평가되어 있다고 볼 수 있다. 즉 저평가 여부는 과거의 가격을 기준으로 삼아선 안 된다. 과거의 집값에 얽매이면 저평가된 부동산을 살 수 없다.

예를 들어 목동에 있는 A아파트의 최초 분양가가 3천만 원이었는데 현재 15억 원이라면 굉장히 비싸게 느껴질 수 있다. 만일 주변 아파트가 18억 원이라면 A아파트는 현재 시점에서는 3억 원 정도 저렴한 저평가 아파트다. 과거의 집값을 떠올려 '3천만 원대에 분양하던 아파트가 15억 원이라고?'라고 생각하면 기회가 와도 잡을 수 없다.

실제로 많은 사람이 과거의 가격을 근거로 집값이 비싸다고 주장한다. 세월이 바뀌고 시간이 흘러 물가가 많이 올랐는데도 여전히 예전 가격만 기준으로 잡는다. 과거에 집착하면 눈앞에 저평가된 아파트가 있어도 비싸 보인다. 이런 유형의 사람은 호황기에는 더더욱 쉽게 집을 못 산다. 불과 2년 전만 하더라도 3억 원이었는데 현재 5억 원이라면, 아무리 다른 곳에 비해 저렴하고 좋아도 손해 보는 기분이 들어 매입을 꺼린다.

과거의 집값에 너무 얽매이면 안 된다. 그보다는 현재 가격을 기준으로 다른 아파트와 가격을 비교하는 편이 낫다. 해당 아파트가 과거 대비 얼마나 올랐든 현재 가격이 다른 아파트에 비해 저렴하다면 매수해야 한다. 인근 지역과 유사 지역을 교차로 비교해 검증하면 실패가 적다. 예를 들어 어떤 아파트가 최근 10억 원에 팔렸는데 비슷한 조건과 연식의 아파트가 9억 원에 나왔다면, 상대적으로 1억 원 정도 저렴하게 살 수 있는 기회가 생긴 것이다. 하지만 사고자 하는 지역에 호재가 다하거나 악재가 있어서 앞으로 떨어질 분위기라면 어떨까? 이럴 때는 인근 지역을 벗어나 유사 지역까지 비교군을 넓혀야 한다.

마곡지구는 2014년 분양 당시 분양가가 4억 원대 초반으로 굉장히 저렴했다. 강서구 인근 아파트 시세와 비교해보니 가격이 비슷해서 저평가 여부를 판가름하기 쉽지 않았다. 하지만 유사 지역인 판교와 비교해보니 당시 판교가 2배는 비쌌기 때문에 확실히 저평가되어 있다고 판단할 수 있었다. 판교와 마찬가지로 마곡도 산업단지로 개발되는 지역이었고, 판교에 비해 강남과는 거리가 멀지만 9호선, 5호선, 공항철도까지 사통팔달의 요지가 될 가능성이 컸다. 행정구역상 판교는 경기도인 반면 마곡은 서울이다. 판교의 입지가치가 더 뛰어난 건 사실이지만 100번 양보해도 절반의 가격이면 충분히 메리트가 있었다. 최소 판교의 80~90%까지는 가격이 올라갈 것이라고 판단했다.

예상대로 마곡지구는 가파르게 상승했다. 이후에는 마곡지구 인근으로 눈을 돌렸다. 마곡수명산파크가 상대적으로 저평가되어 있다고 판단했다. 2016년에 마곡지구는 8억 원대까지 상승한 상황이었다. 반면 마곡수명산파크는 4억 원대로 굉장히 저렴했다. 여유가 있다면 마곡지구를 사도 괜찮았지만 상대적으로 저평가되어 있는 마곡수명산파크도 나쁘지 않은 선택지로 보였다. 나는 주변 사람들을 설득해 마곡수명산파크를 사라고 권했고, 예상은 적중해 이후 2배 이상 수익이 났다.

마곡지구와 인근 아파트가 무섭게 치솟는 상황에서 당시 김포 아파트는 꿈적도 하지 않았다. 그동안 공급물량과 입주물량이 쏟아지면서 가격이 오르지 않은 것이다. 시세가 여전히 분양가 그대로이거나 혹은 분양가보다 더 떨어진 경우도 여럿 있었다. 그래서 김포도 상당히 저평가되어 있다고 판단했다. 이러한 예측을 2017년 12월에 낸 책 『마흔살 건물주』에 상세히 적은 바 있다. 가격이 상대적으로 저렴한 김포 한강신도시와 파주 운정신도시를 눈여겨볼 필요가 있다고 강조했는데, 그 결과는 여러분이 알고 있는 그대로다.

+ 시야를 넓히면 기회는 무궁무진

조금만 시야를 넓히면 무수히 많은 기회를 발견할 수 있다. 개인적으로 2004년부터 부동산 투자를 해왔는데 잡은 기회만큼 놓친 기회도 많았다. 그런 기회들은 앞으로도 계속 있을 것이다. 지금은 상상도 할 수 없지만 한때 2억 원만 있으면 전세를 끼고 마곡지구 아파트를 2채 살 수 있었다. 그렇게 시기를 잘 맞춰 두 아파트를 매입했다면 2억 원으로 최소 20억 원 이상의 자산을 창출했을 것이다. 월급으로 20억 원을 모으는 데 얼마나 많은 시간이 필요한지 계산해본다면 엄청난 수익인 것을 알 수 있다.

앞서 앞바퀴와 뒷바퀴의 중요성에 대해 언급한 바 있다. 아무리 사업이 잘 풀려도 20억 원 이상 벌기란 쉽지 않다. 반면 부동산은 머리만 잘 쓰고 시장 흐름만 잘 읽으면 적은 자본으로도 얼마든지 큰돈을 벌 수 있다. 그래서일까? 부동산 투자로 버는 돈을 불로소득이라며 폄하하는 경우도 있다. 이게 정상적인 상황인지 아닌지는 둘째 문제다. 자본주의에서 사는 한 어쨌든 우리는 자본주의의 규칙에 따라야 한다. 물론 힘 있는 누군가가 나서서 자본주의의 규칙을 보다 더 공정하게 변경한다면 상황이 나아질 수도 있다. 하지만 나를 포함해 이 글을 읽는 대다수는 아마 그럴 힘도, 능력도 없을 것이다.

세상을 바꾸는 것보다 스스로를 바꾸는 게 보다 쉽고 현명한 방법이다. 내 뜻대로 할 수 있는 것은 세상에 나 하나뿐이다. 다른 사람은 절대 바꿀 수 없다. 우리는 합법적인 선에서 자본주의의 규칙을 잘 활용해 돈을 벌면 된다. 그러기 위해서는 선택과 집중이 필요하다. 당신이 부동산 투자 공부에 시간과 열정을 쏟아야 하는 이유다.

내가 경매를
하지 않는 이유

많은 부동산 전문가가 입을 모아 경매 투자의 중요성에 대해 언급한다. 맞는 말이다. 경매로 시세보다 저렴하게 낙찰받으면 효과적으로 수익을 올릴 수 있다. 중개수수료도 들지 않고, 무엇보다 대출도 많이 나와서 레버리지를 활용할 수 있기 때문이다. 그래서 경매는 부동산의 꽃이다. 그런데 나는 경매 투자를 선호하지 않는다. 개인적으로 경매가 인풋 대비 아웃풋이 떨어지는 방법이라고 생각한다. 물론 반론도 만만치 않을 것이다. 실제로 경매 투자로 돈을 잘 벌고 꾸준히 수익을 내는 고수들도 굉장히 많다. 그들의 노력과 성과를 폄훼하는 것은 아니다. 진심으로 경매로 큰돈을 버는 분들이 나보다 훨씬 뛰어나고 훌륭하다고 생각한다. 다만 일반인 기준에서 경매가 노력 대비 성과가 적은 분야라고 생각할 뿐이다. 일반인이 경매 투자로 성공하기란 굉장히 힘들다. 왜냐하면 시간적인 제약이 크기 때문이다.

+ 시간에 쫓고 쫓기는 경매

경매 입찰은 주로 평일 오전에 시작한다. 직장인이라면 휴가를 내서 참여해야 하는데 매번 그러기가 쉽지 않다. 경매에 입찰한다고 하더라도 낙찰된다는 보장은 없다. 경매 물건을 한 번 입찰하기 위해서는 최소 100건에서 1천 건 이상의 물건을 분석해야 한다. 물건을 분석하는 시간도 만만치 않다. 성공적인 투자를 위해서 입찰 전에는 기본적으로 해당 지역 인근 공인중개사무소를 최소 3~4번은 가봐야 한다. 입찰이 반드시 낙찰로 이어지는 것도 아니다. 10번, 20번, 30번 입찰을 시도해도 한 번도 낙찰을 못 받을 수 있다.

이 정도로 공을 들여 낙찰을 받는다고 해도 가격이 100% 오르는 것은 아니다. 급매로 팔리지 않고 경매로 나온다는 건 그만큼 입지 조건이 나쁘다는 뜻이다. 강남과 같은 경우에는 경매로 나오기 전에 급매로 먼저 팔린다. 실제로 경매로 나온 물건들을 쓱 훑어보면 주로 인천, 부천 등 대중의 관심에서 먼 지역이 많다. 그중에서 옥석을 가리는 게 능력이라면 능력이지만 경매로 좋은 물건을 낙찰받기란 전문가에게도 쉽지 않은 일이다.

효율을 중시하는 나에게 있어 경매는 메리트가 없다. 현재 가치보다 싸게 사는 것도 중요하지만 오르는 아파트를 제 가격에 사는 것도 하나의 방법이다. 그러나 이 부분은 강요하고 싶지 않다. 본인에게 맞지 않는 옷을 억지로 입을 필요는 없다. 본인에게 맞는 옷을 골라서 입어야 훨씬 잘 어울린다. 경매가 쉽고 재밌게 느껴진다면 적성이 있는 것이니 그쪽을 파고 들면 된다. 다만 나처럼 효율을 중시하고 제 가격에 사더라도 확실히 오르는 물건을 사고 싶다면 시야를 넓혀 급매 위주로 투자하는 편이 낫다.

경매를 하는 이유가 무엇인가? 돈을 벌기 위해서다. 경매 강사들은 경매만이 부동산 시장에서 돈을 벌 수 있는 유일한 수단이라고 이야기한다. 언제 오를지 모르니 일단 무조건 싸게 사야 한다고 주장한다. 나는 여기에 동의하지 않는다. 오를 여지가 있는 저평가 부동산은 얼마든지 있다. 급매물을 간과하고 경매 투자라는 한 우물만 파는 건 미련한 일이다. 오히려 시기를 잘 잡아서 저평가된 급매물을 잡은 사람이 더 높은 수익을 올린다.

경매를 무조건 비판하는 것은 아니다. 경매를 경험함으로써 보다 넓은 시야로 깊이 있게 부동산을 공부할 수 있다. 다만 경매를 맹신한 나머지 경매만을 통해 부자가 되겠다는 생각은 지양할 필요가 있다. 적성에 맞고 나름의 노하우가 있다면 경매 투자도 나쁘지 않은 선택이지만 막연히 경매에만 시간을 쏟는 건 비효율적이다. 생각보다 인생은 짧다. 너무 많은 에너지를 경매에 쏟는 건 신중히 고민해볼 필요가 있다.

4장
부동산 트렌드를 분석해
투자 물건 발굴하기

"현명한 투자자는 비관주의자에게 사서
낙관주의자에게 파는 현실주의자다."
_벤저민 그레이엄

과거 부동산 트렌드 분석 사례 ①

✛ 2004~2008년 뉴타운 투자

내가 투자를 처음 시작한 게 2004년이다. 당시 20대 후반이었는데 지금 생각하면 굉장히 어린 나이에 뛰어든 셈이다. 2004년은 이명박 전 대통령이 서울 시장으로 재임하던 시절이다. 서울 내 낙후된 구도심을 개발하는 뉴타운 정책이 2002년부터 활발히 전개되었다. 은평뉴타운과 길음뉴타운을 시작으로 오래된 빌라, 연립주택을 허물고 기반시설과 아파트를 다시 짓는 뉴타운 사업이 활발히 이어졌다.

이례적으로 다세대주택, 연립주택의 가격이 오르던 시절이었다. 개발 가능한 지역의 다세대주택, 연립주택을 갖고 있으면 추후 아파트 입주권을 받을 수 있었기 때문이다. 나는 이러한 시장의 흐름을 예측해 빌라에 투자하기 시작했다. 이제 막 사회생활을 시작한 나이여서 아파트에 투자할 만한 돈은 없었다. 다세대주택의 경우에는 전세를 끼면 1천만 원만 있어도 투자가 가능했다. 뉴타운 예정지로 선정될 것이라는 소문만 돌아도 가격이 뛰던 시절이었기에 그 흐름에 올라탔다. 뉴타운 사업은 서울뿐만 아니라 경기도로도 퍼져 나갔다.

선거철에는 여야 할 것 없이 앞다투어 뉴타운 지정을 공약했다. 경기도에 위치한 오래된 빌라도 가격이 들썩이기 시작했다. 나는 서울, 경기도, 인천 등지에서 저렴한 빌라들을 매집했고 한창 오를 때 매도해 수익을 챙겼다. 첫 번째 투자 트렌드를 읽은 것이다. 내가 읽은 2가지 시장의 흐름은 이렇다.

1. 그동안 가격이 오르지 않고 정체된 물건도 개발 바람이 불면 충분히 오를 수 있다.
2. 꼭지에 팔겠다는 욕심은 버려야 한다.

나는 뉴타운이라는 호재의 흐름에 편승해 투자를 실천에 옮겼고, 어느 정도 값이 오른 이후에는 적절한 시점에 잘 빠져나왔다. 어느 정도 만족할 만큼 수익을 낸 다음에는 엑시트를 고려해야 한다. 욕심은 금물이다. 그 누구도 바닥을 예측할 수 없듯이 꼭지도 알 수 없다. 내가 내놓은 물건을 매수하는 투자자도 어느 정도 먹을 게 있어야 수월히 팔고 나올 수 있다.

다행히 2008년 글로벌 금융위기가 터지기 직전에 갖고 있던 빌라들을 처분할 수 있었다. 용산참사를 계기로 뉴타운 사업은 전면 보류되거나 폐지되었고, 일부 경기도 뉴타운은 뉴타운 지정이 취소되는 경우도 생겼다. 이때 너무 무리해서 빌라에 투자한 사람은 회복이 불가능할 정도로 큰 타격을 입었다.

　중요한 건 타이밍이다. 한없이 오를 것 같지만 내려갈 때도 있고, 또 한없이 추락할 것 같지만 반등할 때도 있다. IMF 외환위기, 글로벌 금융위기, 코로나19 팬데믹을 겪어본 사람이라면 공감할 것이다. 탐욕과 두려움을 이겨내야 진정한 부자가 될 수 있다.

과거 부동산 트렌드 분석 사례 ②

+ 2009~2013년 위기에서 찾은 기회들

2008년 글로벌 금융위기는 부동산 시장에 심각한 타격을 입혔다. 새 아파트 입주물량이 몰리면서 잠실마저 전세가격과 매매가격이 동반 하락했다. 당시 떠돌던 유행어가 '하우스 푸어'라는 신조어였고, 부동산은 끝났다는 뉘앙스의 책이 베스트셀러가 되기도 했다. 부동산 경기가 좋지 않았지만 이 시기에도 분명 기회는 있었다.

이 무렵 반포 래미안퍼스티지가 후분양되었는데 전용면적 84m²의 분양가는 10억 원 정도였고, 전용면적 59m²의 분양가는 7억 8천만 원 정도였다. 결과는 미분양이었다. 말 그대로 여윳돈만 있으면 선착순으로 물건을 골라잡을 수 있었다. 만약 이때 이 미분양 아파트를 잡았다면 최소

20억 원 이상의 시세차익을 얻었을 것이다. 이처럼 부동산은 한 번의 선택으로 내 인생뿐만 아니라 자녀의 인생까지 바뀌는 놀라운 경험을 할 수 있게 한다.

빌라를 처분한 자금으로 나는 래미안퍼스티지를 사지 않고 당산동에 위치한 새 아파트를 분양받았다. 아쉽게도 천금과 같은 기회를 놓친 것이다. 이처럼 나도 많은 기회를 놓쳤다. 홍대 상권이 뜨면서 홍대 상가의 가격이 치솟자 그 파급력이 연남동, 망원동까지 이어졌는데 그때도 또 한 번 기회를 놓쳤다. 연남동, 망원동 상권이 발달하면서 가격이 오르는 게 보였음에도 사지 못했다. 매번 모든 기회를 잡을 수 있는 것은 아니다. 그렇다고 기회를 놓칠 때마다 너무 낙심할 필요도 없다. 실패를 복기하면서 다음 기회를 노리면 된다.

당산동 새 아파트로 이사한 뒤, 남은 돈으로 오피스텔에 투자했다. 오피스텔에 투자한 이유는 간단하다. 레버리지를 일으켜 월세를 돌리면 수익률이 연 10% 이상 나왔기 때문이다. 웬만한 금융상품보다 낫다고 판단했다. 9호선이 개통되기 전, 가양동 쪽 오피스텔은 분양가 대비 거의 오르지 않은 상황이었다. 임대수익률이 나쁘지 않았고, 매매가가 오르지 않더라도 월세를 받으면 투자한 원금은 회수할 수 있다는 생각에 과감히 매입했다.

당시만 하더라도 빌라와 마찬가지로 오피스텔은 절대 투자하면 안 된다는 의견이 중론이었다. 나는 오피스텔이 아파트나 빌라에 비해 굉장히 저평가되어 있다고 판단했고, 매달 꼬박꼬박 들어오는 월세 수익도 굉장히 마음에 들었다. 그래서 가양동 일대 오피스텔을 매입했고, 이후 9호선이 개통되자 예상대로 월세와 매매가가 올랐다.

비슷한 시기에 안산 고잔신도시에 위치한 오피스텔에도 투자했다. 매매가가 6,500만 원이었는데 보증금 500만 원에 월세 50만 원을 받을 수 있어 굉장히 수익률이 좋았다. 꼬박꼬박 월세를 받아 현금흐름을 만들었고, 이후에는 산 가격보다 몇천만 원 올려서 팔았다.

오피스텔 투자에 대해 부정적인 경우가 많은데, 수익률이 뒷받침된다면 나쁘지 않다고 생각한다. 구분상가와 같은 경우에는 목돈이 있어야 하지만 오피스텔은 비교적 소액으로도 투자가 가능하고 상가에 비해 공실도 잘 나지 않는다. 오피스텔 투자 노하우에 대해선 뒤에서 다시 한번 다루겠다.

이 시기에 수도권 아파트 시장은 흐름이 좋지 않았지만 부산을 필두로 지방 소형 아파트 시장은 조금씩 오르기 시작했다. 나도 이런 흐름을 놓치지 않고 경기도 오산, 강원도 동해 등에 위치한 소형 아파트를 매입했다. 일부는 월세를 받기도 했고, 일부는 전세를 놓았다. 하지만 예전에 투자했던 빌라만큼 극적인 수익은 거두지 못했다. 지방 소형 아파트는 손해는 보지 않는 선에서 조금씩 이익을 얻고 처분했다. 경기가 좋지 않았지만 나는 시장의 흐름을 놓치지 않기 위해서 꾸준히 소액 투자를 이어나갔다. 그러다 서서히 수도권, 특히 서울 부동산 시장이 오르는 게 느껴지기 시작했다.

과거 부동산 트렌드 분석 사례 ③

✚ 2015~2022년 내가 찾은 기회들

2014년에 위례신도시로 임장을 간 적이 있다. 많은 아파트가 분양되었지만 일부 아파트는 미분양 상태였다. 비슷한 시기에 마곡지구도 분양가가 저렴했지만 대거 미분양이 나왔다. 마곡엠밸리7단지를 제외한 나머지 8개 단지에서 미분양이 발생했다. 당시에 주변 사람들에게 마곡지구 미분양 아파트를 권유했다. 사람들은 공짜 정보에 대해서는 진위 여부를 떠나 그 가치를 크게 부여하지 않는다. 본인이 관심이 없으면 내가 아무리 떠든다고 해도 집중하지 않는다. 그래서 내 투자 권유를 한 귀로 듣고 한 귀로 흘려보낸 사람이 많았다.

내가 상담료를 받는 이유는 간단하다. 이 사람이 진심으로 내 의견이 궁

2017년 1월 첫째 주 전국 분양단지 1순위 청약경쟁률

아파트	위치	분양일 (1순위)	1순위 경쟁률
동탄2신도시 A100블록 아이파크	경기 화성시 동탄1동	1월 5일	0.42
동탄2신도시 A99블록 아이파크	경기 화성시 동탄면	1월 5일	0.36
부산명지국제 C2블록 사랑으로부영	부산 강서구 명지동	1월 5일	23.51
인천 연수 행복한마을 서해그랑블	인천 연수구 동춘동	1월 5일	0.67
익산 어양 제일 오투그란데 에버	전라 익산시 어양동	1월 5일	5.49
제주 기룡비치하임	제주시 하귀1리	1월 5일	0.12
e편한세상 염창	서울 강서구 염창동	1월 4일	9.46
서울 둔촌동 청호뜨레피움퍼스트	서울 강동구 둔촌동	1월 3일	2.1
해남 코아루더베스트(1단지)	전라 해남군 해남읍 해리	1월 3일	0.21
해남 코아루더베스트(2단지)	전라 해남군 해남읍 해리	1월 3일	0.28

자료: 리얼투데이

금한지 알 수 있기 때문이다. 내 도움을 필요로 하지 않는데 입 아프게 떠들면 나만 무례한 사람이 될 뿐이다. 또 정당한 대가를 지불하면 더 경청해서 듣는 효과도 있다. 어쨌든 마곡지구 미분양 아파트를 권할 당시 분양가는 4억 3천만 원이었다. 지금의 가격과 비교하면 10억 원 이상의 차이다.

2015년부터는 서울 아파트가 조금씩 오르는 게 느껴졌다. 나는 서둘러 오산과 동해 소형 아파트를 처분하고 서울로 눈을 돌렸다.

2017년 1월 동탄신도시 청약경쟁률을 보면 대거 미달이 난 사실을 알 수 있다. 분양가가 3억~4억 원대로 굉장히 저렴했음에도 미달이 났다. 입주물량이 많긴 했지만 장기적으로 투자가치가 있다고 판단해 주변에 투자를 권했다. 때마침 공인중개사 자격증을 취득하고 부동산 컨설팅 회사를 차린 시점이어서 고객들에게 적극적으로 권했다. 동탄신도시 아파트 시장은 최근 들어 부침을 겪고 있지만, 내가 투자를 권했던 시기에는 3억~4억 원대였기 때문에 여전히 꽤 높은 수익률을 기록하고 있다.

2018년에는 김포 한강신도시와 파주 운정신도시가 굉장히 저평가되어 있다고 판단했다. 특히 김포는 마곡지구에 비해 거의 제자리걸음이었다. 나는 김포 쪽 아파트의 시세가 최소 마곡지구의 60% 정도는 갈 것이라고 판단했고, 이 시기에 김포 쪽 아파트를 2채 매입했다.

입주물량이 많은 시기에는 간혹 분양가 이하로 떨어지는 아파트도 있다. 김포 한강신도시 아파트가 잠시 분양가 이하로 떨어지자 나에게 항의하는 고객도 간혹 있었다. 어떤 분은 익명으로 '왜 김포 아파트를 추천했냐?'라는 원망이 섞인 장문의 문자도 보냈다. 문자를 받은 날, 나는 잠을 이룰 수 없었다.

나는 언제나 이미 오른 지역보다는 상대적으로 저렴한 지역에 투자하길 권한다. 그러다 보니 사람들이 눈여겨보지 않던 조금 생소한 지역을 추천할 때가 많다. 그래서 일정 부분 오해가 생겼다고 생각한다. 당시 한강신도시, 운정신도시와 같은 경우가 그랬다. 무조건 서울만 사야 한다고, 서울만 답이라고 주구장창 외치는 전문가가 많다 보니 믿음이 안 갔을 수도 있다. 실제로 조금만 버티면 되는데 그걸 못 참고 파는 사람도 생겼다.

입주물량이 쏟아지는 시기에는 가격이 잠시 흔들릴 수 있다. 한강신도시, 운정신도시는 초기에는 나쁜 흐름을 보였지만 이후 하늘 무서운 줄 모르고 치솟았고 현재는 안정기에 접어들었다. 이렇듯 부동산 상담은 잘해야 본전이다. 그럼에도 내가 이 일을 하는 이유는 나로 인해 인생이 바뀌었다며 진심으로 고마워하는 분들이 많고, 나 또한 이 일에서 큰 보람을 느끼기 때문이다.

투자의 기회가 꼭 신도시에만 있는 것은 아니다. 신분당선 예상 노선이 발표되었을 무렵, 노선안을 살펴보니 은평뉴타운을 지나고 있었다. 은평뉴타운 중에서도 신분당선이 들어올 만한 위치에 있는 아파트가 보였는데 전용면적 85m²가 6억 원대, 전용면적 59m²가 5억 원대였다. 서울 아파트 가격이 조금씩 꿈틀대던 시점이었기에 전용면적 85m²가 6억 원대면 너무 저평가되어 있다고 판단했다. 그래서 최악의 경우 신분당선이 들어오지 않더라도 이 가격 이하로 떨어질 수는 없다고 봤고, 서울을 선호하는 고객에게는 해당 아파트를 권했다. 물론 투자금 대비 수익률로만 보면 한강신도시와 운정신도시가 훨씬 좋았지만, 서울에 사는 게 꿈인 고객에게는 은평뉴타운도 나쁘지 않은 선택지였다.

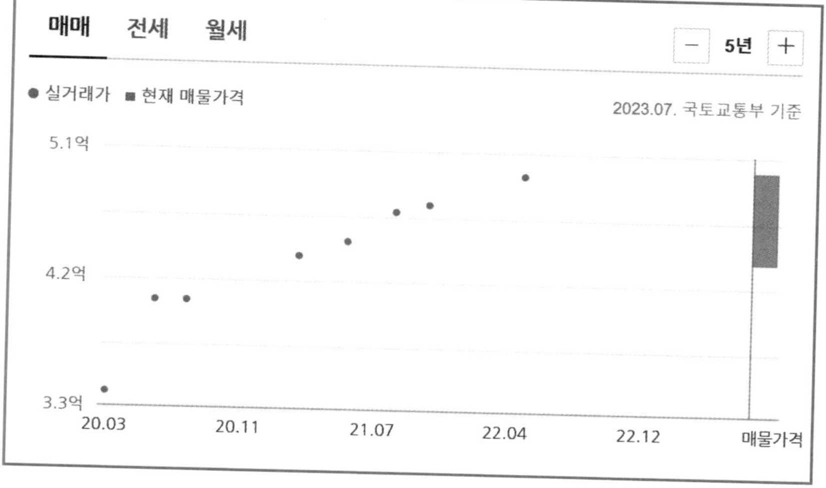
매매
전세
월세
5년
실거래가
현재 매물가격
2023.07. 국토교통부 기준
5.1억
4.2억
3.3억
20.03
20.11
21.07
22.04
22.12
매물가격
네이버 부동산으로 살펴본 e편한세상시티미사 A동 시세

이게 다가 아니다. 2018~2019년에는 하남 미사 쪽 오피스텔이 대거 마이너스 프리미엄으로 나왔다. 입주물량이 몰리면서 1.5룸과 2룸도 계약금을 포기하고 내놓는 경우가 많았다. 그중 내가 눈여겨본 물건은 e편한세상시티미사였다. 2023년 7월 기준 해당 오피스텔은 분양가 대비 2억 원 이상 오른 상황이다. 다달이 들어오는 월세 수입은 보너스다. 많은 사람이 오피스텔을 사면 안 된다고 이야기한다. 하지만 이렇게 시기적으로 좋은 입지의 오피스텔을 사면 충분히 경쟁력이 있다.

돌이켜보면 위례신도시, 마곡지구, 동탄신도시, 한강신도시, 운정신도시, 미사지구도 부정적으로 바라보는 사람이 많았다. 하지만 부동산 투자로 성공하기 위해선 고정관념을 버릴 필요가 있다. 남들이 뭐라고 하든 본인만의 확고한 기준이 있다면 그 기준을 토대로 저평가된 부동산에 투자하면 된다.

하남 미사지구는 오피스텔뿐만 아니라 아파트도 매력 있는 물건이 여럿 보였다. 2019년에 강동구 쪽으로 입주물량이 몰리다 보니 하남 미사지구도 전세가격이 크게 빠졌다. 이미 분양가보다 많이 올라서 투자 기회를 놓쳤다고 생각했는데 나름 좋은 기회가 온 것이다. 전세가격이 떨어지자 아파트 가격도 조금씩 빠졌고 급매물도 보였다. 나는 강동구 쪽 신규 아파트 단지 입주가 마무리되면 충분히 해결될 문제라고 생각했다. 일시적으로 가격이 빠진 것이란 생각에 급매물 위주로 회원들에게 권했고, 예상은 보기 좋게 적중했다.

2020년에도 다시 한번 기회가 왔다. 당시 양주 옥정지구가 조정대상지역으로 묶이면서 대거 미분양이 났다. 전용면적 85m²의 분양가가 3억 원대로 굉장히 저렴했음에도 분양물량이 많다 보니 일시적으로 미분양이 났다. 이 무렵 인터넷 커뮤니티에서는 옥정지구에 대한 부정적인 의견이 굉장히 많았다. 하지만 7호선 연장, GTX-C노선 등 호재가 충분했기 때문에 이번 위기만 잘 넘기면 분명 메리트가 있다고 판단했다.

2020년 5월에는 방사광가속기를 청주에 유치한다는 기사가 났다. 찾아보니 최근까지 가격이 계속 떨어지고 있는 지역이었다. 오창 우림필유 전용면적 59m²가 당시 1억 4,500만 원이었는데, 앞으로 가격이 이보다 떨어지기는 힘들고 상당히 저평가되어 있다고 판단했다. 아파트 내부를 보지도 않고 바로 계약금을 보냈다. 임장 없이 계약을 하는 건 지양해야 하지만 빠른 판단이 요구되는 상황이었고 무엇보다 가격이 오를 것이란 확신이 있었다. 이후 세입자를 새로 맞춰 전세금 1억 3,500만 원을 레버리지 삼아 단돈 1천만 원으로 해당 물건을 매수했다. 이후 전세가격만 2억 원을 넘어 원금보다 훨씬 많은 돈을 회수할 수 있었다. 이 밖에도 내가 발견한 기회는 다양하다. 지면의 한계로 다 소개하지 못하는 게 아쉽다. 혹자는 "그건 과거의 일 아닙니까?"라고 의문을 제시할지 모른다. 나는 여전히 현장을 바삐 오가며 투자 중이다. 어쩌면 다음 책을 통해 2023년 이후에 발견한 투자 기회를 언급할 기회가 있을지 모른다.

아는 만큼 보인다. 본인이 모른다 해서 덮어놓고 부정하기보다는 전문가의 말을 믿고 경청한다면 좋은 기회를 발견하게 될지 모른다. 최소한 힌트나 영감 정도는 얻을 수 있을 것이다. 그렇다고 귀 얇게 사탕발림 같은 말에 사기를 당하라는 말은 아니다. 비판적이고 객관적인 태도로 듣는 한편, 이야기의 가능성과 교훈에 대해 깊이 있게 생각해보라는 말이다. 앞서 부동산 투자로 돈 벌 기회는 무궁무진하다고 강조했다. 이전에도 그랬고 앞으로도 그럴 것이다. 그러한 사실을 믿고 계속 노력하는 사람은 부동산 투자로 돈을 잘 벌 것이고, 그렇지 않은 사람은 투자를 잘하지 못할 것이다. 전적으로 여러분의 의지와 믿음에 달렸다.

신문기사를 통해 투자 트렌드 읽는 법

　'소문에 사서 뉴스에 팔라'는 격언은 주식 투자자라면 그냥 지나칠 수 없는 교훈이다. 실제로 주식 투자의 세계에선 호재가 기사에 실려도 주가가 떨어지는 종목을 흔치 않게 볼 수 있다. 왜 주식은 뉴스에 팔아야 할까? 신문의 본질에 대해 생각해보자. 신문의 목적은 무엇일까? 신문기사를 내는 신문사나 기자가 가장 원하는 건 무엇일까?

　당신이 신문을 통해 돈을 벌기 바랄까? 아니다. 신문사나 기자는 많은 사람이 신문을 구독하고 기사를 읽어야 이익을 본다. 쓸데없는 가십거리가 넘치는 이유도 대중이 그런 내용을 좋아하기 때문이다. 따라서 기사가 나오는 시점은 이미 많은 사람이 해당 내용에 공감하거나 혹은 어느 정도 그 내용을 미리 알고 있어 호응하는 시기다. 반드시 그런 건 아니고 그럴 확률이 높다는 뜻이다. 천지가 개벽할 만한 새로운 이슈나 특종보다는 그런 기사의 비중이 압도적으로 높다.

예를 들면 이런 식이다. 삼성전자가 최고 실적을 거뒀고 반도체 경기가 더 좋아질 것으로 예상된다는 기사가 실렸다고 가정해보자. 이런 기사를 보고 삼성전자 주식에 투자한다면 어떻게 될까? 그때부터 일시적이든 장기적이든 주가가 쭉쭉 빠질 확률이 높다. 예측, 예언은 뉴스의 영역이 아니다. 뉴스는 오로지 '팩트'에 기반한다. 모두가 그렇게 생각할 때 기사가 나온다. 즉 이런 기사가 실린 시점에 해당 주식은 최고점일 확률이 높다.

투자는 소수의 눈으로 바라봐야 한다. 대중과 다르게 생각할 때 돈을 벌수 있다. 다른 사람들과 같은 방향으로 베팅하면 절대로 돈을 딸 수 없다. 그럼에도 불구하고 우리는 대중심리에 편승해 다른 사람들과 같은 길을 걷고, 비슷한 실패를 반복한다.

＋ 다른 선택이 탁월함을 만든다

혼자만 아니라고 하기에는 왠지 내가 틀린 것 같고 잘못된 방향으로 가는 것 같아 불안하다. 그래서 나도 모르게 남들이 가는 길을 따라간다. 많은 사람이 주식 혹은 암호화폐에 열광할 때가 바로 주식과 암호화폐 투자에서 빠져나와야 하는 시점이다. 반대로 많은 사람이 관심을 두지 않을 때가 바로 투자를 시작해야 하는 적기다. 이런 원리를 나는 오래전부터 알고 있었다. 물론 나 역시 남들과 다른 행동을 할 때마다 외롭고 쉽지 않았다.

대중이 관심을 갖지 않는 지역에 투자할 때마다 '과연 이게 맞나?' 반신반의하고 불안했다.

투자가 어려운 이유는 오롯이 혼자서 결정을 내려야 하기 때문이다. 그 누구도 대신해줄 수 없다. 돌이켜보면 남들과 다른 해석을 하고, 남들과 다른 방향으로 갈 때 큰 수익을 얻었다. 마곡지구가 강서구 끝자락이란 이유로 외면받을 때, 김포 한강신도시가 미분양의 무덤이라고 불릴 때, 강동구에 입주물량이 몰리면서 하남 미사까지 가격이 떨어질 때가 최고의 기회였다. 남들이 다 아니라고 하는데 우직히 밀고 나가기란 쉽지 않다. 하지만 일단 투자자가 되기로 마음먹었다면 나 자신을 믿고 투자에 나서야 한다.

+ 신문을 효과적으로 읽는 방법

부동산과 달리 주식은 개인, 외국인, 기관 각 객체별로 경쟁하는 구조다. 수익률을 비교해보면 당연히 외국인과 기관이 많이 벌고 일반 개인은 돈을 많이 잃는다. 아무래도 힘과 규모가 클수록 개인은 접할 수 없는 양질의 정보에 접근할 수 있다. 그럼 부동산은 어떨까? 우리 동네는 내가 전문가다. 예를 들어 옆집 순이네가 급전이 필요해 집을 시세보다 20% 싸게 판다는 정보는 해당 지역에 사는 주민과 공인중개사의 귀로 먼저 흘러들어간다. 외국인, 기관과 경쟁할 필요가 없다. 부동산으로 돈을 버는 게 일반적으로 주식보다 쉬운 이유다. 주변을 둘러보라. 주식보다는 부동산으로 돈 번 사람이 훨씬 많을 것이다.

주식은 뉴스에 팔아야 하지만 부동산은 조금 다르다. 호재 기사에 대한 반응과 여파가 주식 시장과는 다르게 흐른다. 일반적으로 주식은 호재가 발생하면 그 재료가 이미 주가에 반영되었다고 생각해 주가가 단기적으로 조정을 받거나 내려간다. 반면 손바뀜이 적은 부동산은 주식보다는 정보가 반영되는 속도가 느리고 꾸준한 편이다. 호재 뉴스가 나오면 그때부터 가격이 오르는 경우가 많다.

주식은 호재일지라도 여러 정보를 취합해 다방면으로 생각해야 하지만, 부동산은 호재가 나오면 일단 가격에 긍정적인 영향을 미친다고 봐야 한다. 사소한 호재라면 별다른 영향을 미치지 못하지만 내재가치를 뒤흔들 만한 뉴스라면 선제적으로 매수하는 전략도 유효하다. 부동산과 달리 주식은 호재가 나오면 갖고 있는 주식을 일부 매도하거나 잠시 매수를 멈추는 게 훨씬 유리할 수 있다. 물론 모든 상황에 유효한 전략은 아니지만 주식 투자를 해본 사람이라면 어느 정도 공감이 갈 것이다.

이처럼 주식과 부동산은 성격이 다르기 때문에 신문을 읽고 해석하는 방법도 조금 다르다. 사례를 하나씩 살펴보자.

"청약경쟁률이 예상보다 더 낮았다." 최종 경쟁률 0.35 대 1. '김포한강 신도시 동일스위트 더파크'의 미달사태에 대한 김포 장기동 J부동산 중개사의 평가다. 1순위에 이어 2순위도 청약자의 외면으로 전체 분양 가구의 3분의 2가 미달된 셈이다. 지난해 고촌 캐슬파밀리애와 자이메

트로와 구래역 예미지 등 김포와 한강신도시 청약 열기가 자취를 감춘 셈이다. 김포 한강신도시 Ac-6·7블록에 동시 분양한 이 단지는 모두 1,732가구의 대단지다. 청약 결과 1,119세대에 청약자가 전무했으나 향후 계약에서는 더 많은 미분양 세대가 나올 전망이다.

2018년 3월 18일 〈스트레이트뉴스〉 기사다. 청약 경쟁률이 저조해서 향후 미분양이 늘 수 있다는 경고성 내용이다. 만약 여러분이 이런 기사를 접했다면 김포 한강신도시에 투자하겠는가? 아마 대다수는 김포는 쳐다보지도 않을 것이다. 투자는 항상 소수의 눈으로 바라봐야 한다. 나는 김포의 가격이 굉장히 저렴하게 느껴졌다. 입주도 어느 정도 마무리되고, 기반시설도 완성되어가는 시기였기에 유망하다고 판단했다. 결과는 어땠을까? 이후 실제로 가격이 많이 올랐다.

전국적으로 아파트 가격이 급등하면서 전세·분양가와의 격차도 크게 벌어지고 있다. 지난 7일 KB국민은행의 조사에 따르면, 지난달 아파트 전세가율(매매가 대비 전세가 비율)은 전국 66.9%, 서울 55.3%로 2013년 이래 가장 낮았다.

2021년 9월 8일 〈노컷뉴스〉 기사다. 아파트 전세가율이 계속 낮아져서 서울은 55.3%, 지방은 66.9%로 떨어졌다는 기사다. 아파트 가격이 많이 올라서 전세가가 따라가지 못하고 전세가율이 떨어진 내용이다. 서울이 지방보다 전세가율이 낮다는 건 무슨 뜻일까? 이 기사를 보고 2021년 9월 아파트 가격이 고평가되어 있다는 걸 유추할 수 있다. 정확하게는 지방보다 서울이 좀 더 고평가되어 있다고 판단할 수 있다.

물론 전세가율 하락만 놓고 고평가 여부를 판단하는 건 위험하다. 금리, 환율, 선진국 경제 정책과 그 방향, 시장참여자의 심리 등 다양한 요인을 복합적으로 분석해야 한다. 단순히 전세가율만 보고 시장의 향방을 유추해서는 안 된다.

'생활형 숙박시설' 시장이 이상 과열 조짐을 보이고 있다. 올 들어 진행된 주요 지역 분양에 수십만 명이 몰린 데다 억대의 프리미엄이 붙어 거래가 되고 있는 것이다. '생숙'이라는 줄임말로 잘 알려진 생활형 숙박시설은 숙박업 등록이 필요하고 실거주가 허용되지 않는 비주택이지만 편법을 통해 주거용 상품처럼 공급되는 모습이다. 아파트 등 기존 주택에 대한 세금·대출 규제를 피하려는 수요가 몰리며 올 들어 진행된 주요 분양에 무려 60만 명이 몰린 것으로 나타났다.

2021년 9월 8일 〈서울경제〉 기사다. 많은 사람이 생활형 숙박시설에 관심을 가질 때 나는 관심을 갖지 않았다. 이유는 편법적인 요소가 많아서다. 향후 정부에서 제재가 들어올 수 있다고 판단했다. 생활형 숙박시설은 주택 수에 포함되지 않기 때문에 종부세, 양도세에서 자유롭고 전매도 가능해 단기 차익을 노리고 투자하는 경우가 적지 않았다. 편법은 언제나 위험하다. 법이 바뀌면 퇴로가 막힐 수 있기 때문이다. 그런 불확실성을 감수하고 투자할 필요는 없다. 통찰력만 있으면 굳이 그런 위험 부담을 안고 가지 않아도 합법적으로 투자할 곳은 많다.

과학기술정보통신부(장관 최기영)는 다양한 분야 첨단산업의 원천기술 경쟁력 혁신에 기여할 신규 다목적 방사광가속기를 구축할 부지로 충북 청주시를 최종 선정했다. 최근 전략 원천기술 경쟁력의 신속한 확보 필요성이 크게 대두되고, 이와 더불어 첨단산업 분야에서 활용성이 높은 대형 가속기 인프라의 확충 요구가 지속적으로 제기됨에 따라, 신규 방사광가속기 구축 추진 내용을 포함한 '대형가속기 장기로드맵 및 운영전략'이 지난 3월 24일 과학기술자문회의 심의회의에서 확정됐다.

2020년 5월 15일 〈일렉트릭파워〉 기사다. 방사광가속기가 청주에 유치된다는 내용이다. 이 기사를 보고 곧바로 청주 일대의 아파트를 살펴봤다. 생각보다 가격이 저렴했다. 좋은 기회라는 걸 바로 직감할 수 있었다.

시세를 살펴보니 가격이 계속 하락하고 있었다. 다른 지역은 가격이 오르고 있는데 이 지역은 계속 하락하고 있었기 때문에 거품이 없다고 판단했다. 공인중개사무소에 바로 전화를 걸어 전용면적 59m²를 1억 4,500만 원에 계약하는 조건으로 계약금을 송금했다. 이후에 가격 변동은 보는 바와 같다. 이렇듯 주식과 달리 부동산은 호재가 나오면, 그리고 저평가라는 확신만 있다면 바로 달려가서 계약을 해도 늦지 않다.

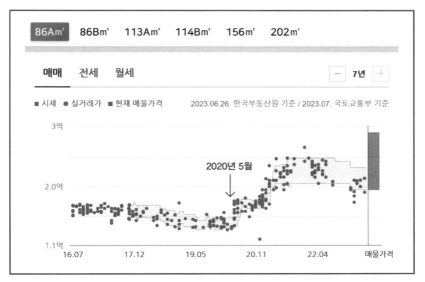

매매 전세 월세   − 7년 +

■ 시세 ● 실거래가 ■ 현재 매물가격   2023.06.26. 한국부동산원 기준 / 2023.07. 국토교통부 기준

3억

2020년 5월

2.0억

1.1억

16.07   17.12   19.05   20.11   22.04   매물가격

네이버 부동산으로 살펴본 우림필유 전용면적 59m² 시세

물론 모든 호재성 뉴스를 믿는 건 바람직하지 않다. 호재성 뉴스를 가장한 광고성 기사도 많기 때문이다.

호텔전문 운영으로 각광받는 '○○'의 A호텔이 객실 등기 분양에 돌입했다. 국내외 굴지의 회사 '○○'은 현재 B호텔과 더불어 C호텔 등을 운영하고 있고 성공적인 성과로 상승곡선을 그리고 있다. 호텔 운영에 있어전문과 노하우를 집약해 운영될 A호텔은 지역 내 개발 호재에 따른 수혜까지 누릴 수 있어 투자자들의 관심이 높다.

호텔 객실 분양을 선전하는 광고성 기사를 각색했다. 기사를 믿고 투자했다면 어떻게 되었을까? 이런 광고성 기사를 토대로 투자를 결정하면 낭패를 볼 수 있다. 이렇듯 기사를 무조건 믿을 게 아니라 광고인지 사실에 기반한 내용인지를 확인하고 자신의 생각을 대입해 투자 가능성을 판단할 필요가 있다. 신문만 꾸준히 본다고 안목이 느는 것은 아니다. 기사 내용을 비판적으로 분석해 미래를 읽는 능력을 키워야 한다.

○○호수공원 조망이 가능한 초고층 주거용 A오피스텔이 미분양 잔여 세대를 선착순 분양 중이다. A오피스텔은 도보 약 5분 거리에 ○○호수공원이 위치해 있다. 야외공연장, 캠핑장, 자전거 도로가 있어 쾌적한 여가생활을 즐길 수 있다. 아울렛, 도서관, 마트 등 풍부한 인프라를 갖추었다. 20**년 완공 예정인 컨벤션센터, 백화점 및 20**년까지 신청사가 계획되어 있어 생활 여건은 더욱 좋아질 전망이다.

광고성 기사라고 해서 아무런 도움이 안 되는 것은 아니다. 때로는 그 안에서 힌트를 얻을 수 있다. 예시로 든 기사를 언뜻 보면 광고처럼 보인다. 이 기사를 그냥 흘려보내면 돈 벌 수 있는 기회를 놓칠 수 있다. 기사를 토대로 왜 해당 지역이 유망함에도 미분양이 나왔는지, 입지와 가격 조건 등은 어떤지 꼼꼼히 확인해볼 필요가 있다. 그리고 만일 투자가치가 있다면 과감히 매입해야 한다.

기사를 통해 정보를 유추하기 위해서는 계속해서 모의투자를 해봐야 한다. '만약 이 기사를 보고 이 물건을 샀다면 추후 어떻게 될까?' '이 기사를 보고 이 아파트에 투자했다면 지금은 어땠을까?' 등 계속해서 미래를 유추하는 연습을 병행해야 한다. 꾸준히 신문을 읽다보면 나중에는 기사 헤드라인만 봐도 이 기사가 돈 되는 기사인지, 쓸모없는 기사인지 알 수 있다. 이런 과정이 처음에는 복잡하고 감이 안 잡히겠지만 누구나 꾸준히 노력하면 어느 정도 경지에 오를 수 있다.

교통 호재를
선점하라

+ 길을 따라 돈이 흐른다

일반적으로 신규 노선이 들어오면 발표 시점, 착공 시점, 완공 시점에 따라 계단식으로 오른다. 따라서 신규 노선이나 교통 여건 개선과 관련된 기사는 관심 있게 봐야 한다. 내가 용인 구성역 일대와 동탄신도시, 운정신도시, 옥정신도시를 눈여겨봤던 이유도 향후 교통 여건이 개선될 가능성이 컸기 때문이었다. GTX 노선도를 보고 일찍이 용인 구성역 일대와 동탄신도시, 운정신도시, 옥정신도시에 투자했다면 단기간에 10억 원 이상의 돈을 벌었을 것이다.

GTX-D노선에 대한 발표도 관심 있게 지켜봐야 한다. 개인적으로 GTX-D가 확정적으로 발표되면 김포 쪽 아파트가 수혜를 입을 것으로 보

수도권 광역급행철도 현황

인다. 물론 호재가 선반영된 시점이라면 추가로 교통 호재가 나온다고 해
도 투자하기에는 늦은 타이밍이다. 호재가 반영된 지역을 기준으로 삼아
상대적으로 저평가되어 있는 곳을 찾아야 한다.

의정부시가 고시한 7호선 연장 노선도를 살펴보자. 옥정신도시까지 이
어진다. 만약 7호선이 연장된다면 옥정신도시는 강남 접근성이 개선된다.

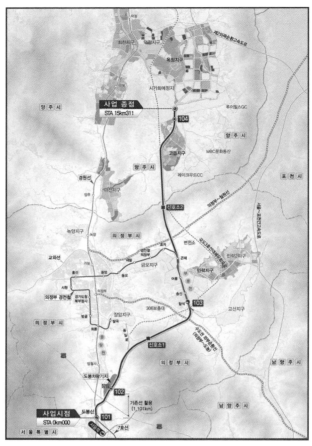

7호선 양주 연장 노선도

2020년에 옥정신도시는 일시적으로 분양물량이 쏟아지면서 선착순으로 분양물량을 잡을 수 있었다. 당시 분양가는 전용면적 85㎡가 3억 원대였기 때문에 상대적으로 저평가되어 있다고 판단했다.

9호선 연장 노선도 눈여겨봐야 한다. 현재 중앙보훈병원까지 9호선이 이어져 있지만 향후에는 강일지구를 지나 하남 미사신도시, 다산신도시,

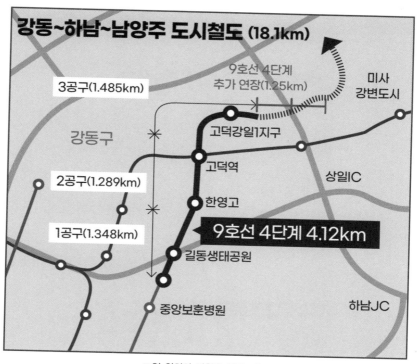

강동~하남~남양주 도시철도 (18.1km)

3공구(1.485km)

9호선 4단계
추가 연장(1.25km)

미사
강변도시

강동구

고덕강일1지구

고덕역

상일IC

2공구(1.289km)

한영고

9호선 4단계 4.12km

1공구(1.348km)

길동생태공원

중앙보훈병원

하남JC

※역 위치와 명칭은 변경 가능

왕숙지구까지 이어진다. 9호선이 이어지면 향후 강남까지 접근성이 좋아
지기 때문에 추가로 상승할 여지가 크다. 특히 미사신도시와 같은 경우에
는 기존의 5호선 연장과 3호선 연장 그리고 9호선까지 이어지면 3개의 노
선이 지나가는 핵심 지역이 된다.

2019년 강동구 입주물량 과다로 하남 미사지구가 크게 떨어진 적이 있
다. 당시 매스컴에서는 부정적인 내용이 주를 이뤘다. 나는 이러한 하락이
일시적인 현상이고 중장기적으로 9호선, 5호선, 3호선이 연장되면 미래

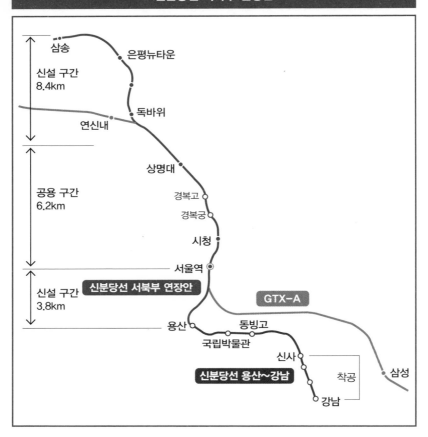

신분당선 서북부 연장안

신설 구간
8.4km

삼송
은평뉴타운
독바위
연신내

공용 구간
6.2km

상명대
경복고
경복궁
시청
서울역

신설 구간
3.8km

신분당선 서북부 연장안

GTX-A

용산
동빙고
국립박물관
신사
삼성
착공
강남

신분당선 용산~강남

가치가 충분하다고 생각했다. 추가적으로 상승할 여력이 충분하다고 생각했고 내 예상은 보기 좋게 적중했다. 공급물량 과다로 사람들이 두려워서 못 살 때가 오히려 좋은 매수 타이밍이 될 수 있다.

위 그림은 신분당선 서북부 연장선이다. 보는 바와 같이 은평뉴타운을 지나고 있다. 은평뉴타운은 자연환경이 훌륭할 뿐만 아니라 교육 여건도 굉장히 좋다. 시범 뉴타운으로 지정되고 개발되어 살기에도 굉장히 쾌적하다. 다만 교통이 다소 불편하고 강남, 광화문 등 직장이 밀집해 있는 지역까지 오고가기 힘들다. 하지만 신분당선이 연장되면 서울 핵심 지역을 하나의 노선으로 지나갈 수 있기 때문에 교통 여건이 개선될 것이다. 물론 신분당선 서북부 연장은 아직 확정되지 않았다. 하지만 확정된다면 은평뉴타운과 삼송지구의 미래가치는 제고될 것이다.

이 밖에도 5호선 김포 연장안, 월판선, 신안산선, 경강선 등 향후 교통 여건이 좋아질 가능성이 있는 지역이 여럿 있다. 아직 확정되지 않았지만 만약 5호선 김포 연장안이 확정된다면 GTX-D노선과 더불어 김포 일대 아파트에 큰 호재가 될 수 있다. 김포도시철도가 있긴 하지만 2량으로 많은 인원을 수송하기에는 역부족이라 개선이 필요해 보인다. 교통이 개선될 여지가 있는 곳을 잘 찾아서 저평가되어 있는 물건에 투자한다면 향후 높은 시세차익을 기대할 수 있을 것이다.

부동산 정책과 트렌드의 상관관계

+ 정책과 집값의 향방

부동산 투자를 잘하기 위해서는 부동산 정책이 시장에 어떤 영향을 미치는지 알아야 한다. 우선 양도세 중과다. 양도세가 중과되면 시장에서는 팔고 싶어도 세금 때문에 팔지 않는다. 만약 당신이 아파트를 여러 채 갖고 있는데 양도세 중과 정책이 도입되었다고 가정해보자. 이전에는 팔면 세금이 1억 원이었는데 양도세 중과로 1억 5천만 원이 되면 과연 팔고 싶겠는가? 아마 집을 팔기보다는 버티는 쪽이나 증여를 택할 것이다.

사람 마음은 다 똑같다. 누구나 손해 보는 걸 싫어한다. 따라서 양도세 중과가 시행되면 매물이 부족하기 때문에 집값은 오르는 경향을 보인다. 과거 노무현 정부, 문재인 정부 때 집값을 잡기 위해 양도세를 중과했지만 오히려 집값은 크게 상승했다.

보유세도 마찬가지다. 물량이 충분하다면 보유세를 올려도 집주인이 세입자에게 올라간 보유세를 전가시킬 수 없다. 세입자가 더 싼 곳으로 거주지를 옮기면 그만이기 때문이다. 하지만 물량이 적다면 이야기가 달라진다. 올라간 보유세만큼 집주인은 세입자에게 세금을 전가시킬 수 있다. 임대료를 올려서 올라간 세금을 상쇄시키려 할 것이다. 잘못된 정책 입안으로 조세가 전가되는 것이다. 실제로 문재인 정부 때 보유세를 인상하고 임대차 보호법이 2년에서 4년으로 늘어나자 전월세 가격이 크게 오른 바 있다.

정권별 서울·수도권 아파트 값 변화를 보면 보수정당이 집권했을 때 집값이 안정되거나 하락하는 모습을 보인다. 진보정당의 인위적인 규제 일변도의 정책이 오히려 집값을 올리는 모습이다. 정권에 따라서, 어떤 정책을 취하느냐에 따라서 집값이 오를 수도 있고 내릴 수도 있다는 걸 명심하기 바란다. 금리, 환율, 경제 여건 등 집값에 영향을 미치는 경우의 수는 많다. 그중에서도 정부 정책은 결코 간과해선 안 될 요인이다. 부동산만큼은 규제 일변도의 정책보다 시장에 맡기는 게 집값 안정에 크게 기여할 수 있다고 본다.

공급 대책도 중요하다. 공급량에 따라 향후 집값이 오를지 내릴지 가늠할 수 있다. 박근혜 정부 시절에는 더 이상 택지 개발을 하지 않겠다고 단언했었다. 집값이 떨어지고 거래가 없다 보니 추가로 공급할 필요가 없다고 느낀 것이다. 그러다 문재인 정부 시절에는 집값이 가파르게 오르자 부

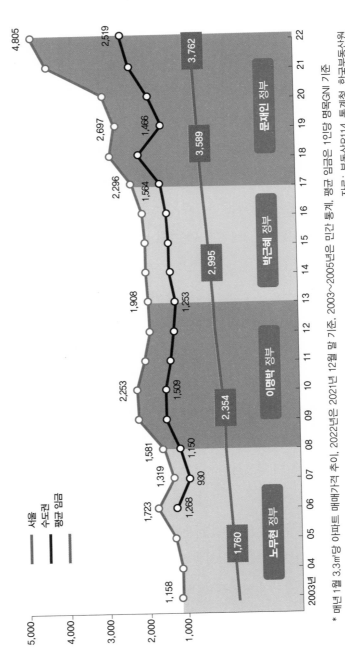

정권별 서울·수도권 3.3㎡당 아파트 값 변화

(단위: 만 원)

* 매년 1월 3.3㎡당 아파트 매매가격 추이, 2022년은 2021년 12월 말 기준, 2003~2005년은 민간 통계, 평균 임금은 1인당 명목GNI 기준
자료: 부동산R114, 통계청, 한국부동산원

서울
수도권
평균 임금

노무현 정부
이명박 정부
박근혜 정부
문재인 정부

2003년 04 05 06 07 08 09 10 11 12 13 14 15 16 17 18 19 20 21 22

5,000
4,000
3,000
2,000
1,000

4,805
2,519
3,762
2,697
2,296
1,908
2,253
1,581
1,319
1,723
1,158
3,589
2,995
2,354
1,760
1,466
1,564
1,253
1,509
1,150
930
1,268

랴부랴 3기 신도시 정책을 발표했다. 공급 대책이 발표된다고 해서 하루 아침에 아파트가 생기는 게 아니다. 시간이 필요하다. 그래서 공급 대책이 나오면 실현 가능성을 타진하고, 주택이 언제 실질적으로 공급될지 살펴봐야 한다. 참고로 현 정부는 신도시 개발보다는 기존 도심의 재개발·재건축을 통해 공급량을 늘리려는 의지가 강하다. 따라서 현 정부에서는 재개발·재건축 계획도 관심 있게 지켜봐야 할 것이다.

성공하기 위해서는 한 우물만 파야 할까?

"우물을 파도 한 우물만 파라"라는 속담이 있다. 성공하기 위해 한눈팔지 말고 한 길만 걸으라는 뜻인데 물론 맞는 말이다. 한 분야에서 최고가 되면 성공에 가까워질 수 있다. 하지만 부동산 투자는 조금 다르다. 투자 트렌드에 따라 그때그때 유효한 물건이 다르다 보니 한 분야에서 최고가 되는 것보다 다방면에서 잘하는 게 더 중요하다. 나도 상황에 따라 재개발·재건축, 오피스텔, 소형 아파트, 분양권, 토지 등 다양한 물건에 투자하고 있다. 부동산뿐만 아니라 주식, 펀드, 금, 달러 등 여러 자산과 금융상품에도 폭넓게 투자했다.

여러 우물에 관심을 갖고 열심히 파다 보면 시야도 넓어지고 좋은 기회도 자주 보인다. 일도 마찬가지다. 동시다발적으로 일을 벌이는 게 남들 눈엔 불안해 보일 수 있지만 지금까지는 나름대로 좋은 성과를 거두고 있다.

✚ 직접 실감한 다동력의 힘

'다동력(多動力)'이란 여러 가지 일을 동시에 해내는 힘을 뜻한다. 여러 가지 일을 잘하는 사람은 대체 불가능하기 때문에 그 가치가 점점 올라간다. 하는 일의 종류에 따라 그 사람의 가치는 곱절로 올라가기도 한다.

예를 들어 공인중개사로 일하는 사람은 많다. 그런데 부동산 중개를 하면서 유튜브를 병행하는 사람은 생각보다 적다. 유튜브로 불특정 다수와 소통하는 공인중개사와 그냥 자기 일만 하는 공인중개사가 있다면, 누가 더 경쟁력이 있을까? 당연히 대중과 소통하는 공인중개사가 더 경쟁력이 있다. 한발 더 나아가 유튜브를 하면서 책까지 내는 공인중개사는 더 적다. 유튜브를 하면서 책을 쓰면서 강연까지 하는 공인중개서는 더더욱 드물다. 동시에 여러 가지 일을 하면 그 사람의 가치는 '2×2×2×2×⋯' 이런 식으로 곱절로 증가한다. 여러 분야에서 흐름만 잘 타면 기하급수적으로 성장할 수 있다.

내가 처음 공인중개사무소를 회원제로 운영하고 상담료와 회원비를 받겠다고 했을 때 주변 사람들은 모두 부정적이었다. "부동산이 무슨 상담료를 내냐?" "말도 안 된다" "회원제 부동산이 말이 되냐?" 가타부타 말이 많았다. 하지만 회사를 차린 지 수년이 지난 지금, 매출은 크게 성장했고 사업은 나날이 번창하고 있다. 공인중개사 일뿐만 아니라 유튜브와 블로그 운영, 강연, 집필, 보드게임 개발 등을 통해 많은 분과 소통하며 상담을 이어오고 있다. 이게 바로 다동력의 힘인 것 같다.

능력이 되는 선에서 한 번에 여러 가지 일을 추진한다면 대체 불가능한 존재가 될 수 있다. 몸값은 올라가고 더 많은 부가가치를 창출할 수 있다. 물론 이 모든 게 실적으로 연결되어야 한다. 여러 가지 일을 동시에 해내도 실속이 없으면 무의미하다.

또 한 가지 고민해봐야 할 부분은 한 가지 분야에서 상위 1%가 되기란 굉장히 어렵다는 점이다. 하지만 여러 분야에서 상위 10%가 되는 것은 상위 1%가 되는 것보다는 쉽다. 따라서 한 분야에서 1%가 될 수 없다면 여러 분야에서 10%에 안에 드는 게 오히려 낫다. 다방면에서 10% 안에 드는 사람이 어쩌면 한 분야만 잘하는 사람보다 요즘 시대에 맞는 인재상일지 모른다.

5장
청약과 분양권
투자의 이해

"대중을 따라 하는 것은
평균으로 후퇴하겠다는 뜻이다."
_찰리 멍거

청약통장, 묵히는 게 답일까?

많은 사람이 청약으로 내 집 마련의 꿈을 꾸지만 청약을 굉장히 어렵다고 생각한다. 그래서 청약통장은 있지만 아낀다고 쓰지 않는 경우가 대부분이다. 청약만 노리고 다른 방법으로는 내 집 마련을 하지 않는 경우도 꽤 있다. 20년째 청약만 노리며 내 집 마련을 미루는 사람을 본 적도 있다. 청약가점은 높았지만 인기 지역만 노리다 보니 번번이 청약에서 떨어졌다.

청약의 본질은 '선택하는 게 아니고 선택받는 것'이다. 이 말을 명심해야 한다. 청약통장이 있고 청약으로 내 집 마련을 꿈꾼다면 조금 다른 관점을 가질 필요가 있다. 현실적으로 가점이 높지 않은 사람이 서울 핵심 입지에 당첨되기란 굉장히 어렵다. 특히 서울 유명 지역 청약을 노리는 건 희망고문일 뿐이다.

+ 청약통장으로 틈새시장을 노려라

청약에 대한 나의 전략은 다음과 같다. 서울에 내 집 마련을 하고 싶다면 우선 청약통장 없이 일반 매매나 급매로 산다. 그리고 남은 돈으로 비조정대상지역 아파트를 한 채 더 산다. 비조정대상지역 아파트는 취득세가 일반세율인 1~3%다. 그다음 세 번째 주택을 청약으로 노린다. 만약 돈이 충분하지 않다면 비조정대상지역 아파트를 사는 과정은 건너뛰고 바로 청약을 통해 아파트를 사는 방법도 있다. 요지는 서울에 있는 집은 일반 매매로 사고, 두 번째 혹은 세 번째 아파트를 청약통장으로 분양받으란 뜻이다. 지방은 서울에 비해 경쟁률이 낮아서 가점이 낮아도 당첨되기 수월하다.

좀 더 실질적인 예를 알아보자. 2020년 12월 31일, 충북혁신도시 동일하이빌파크테라스 청약 당첨자가 발표되었다. 동일하이빌파크테라스는 충북혁신도시에 사는 사람만 청약을 넣을 수 있어 지역민이 아니면 가점이 아무리 높아도 당첨될 수 없었다. 하지만 여기에도 빈틈은 있다.

일부 타입과 평형대는 대거 미달이 났다. 미달이 나면 기타지역, 즉 서울에 청약통장이 있는 사람도 청약을 넣을 수 있다. 평형과 타입을 전략적으로 노린다면 청약가점이 낮아도 충분히 당첨될 수 있다. 타입이 많으면 많을수록 이렇게 일시적으로 미달이 나는 경우가 종종 있다. 사람들은 누구나 가장 좋은 타입, 가장 좋은 평형대를 선호한다. 그런데 이건 당첨되었을 때 이야기다. 당첨도 안 되었는데 가장 좋은 타입, 가장 좋은 평형대가 무슨 의미란 말인가? 가장 좋은 타입과 평형에 청약이 몰린다는 심리를 이용

충북 진천음성 혁신도시 C3블럭 동일하이빌 파크테라스

청약접수 결과 입주자모집공고에 명시한 일반공급 가구수 및 예비입주자선정 가구 수에 미달 시 후순위 청약접수를 받습니다.

주택형	공급세대수	순위		접수건수	순위내 경쟁률(미달 세대수)	청약결과	당첨가점			
							지역	최저	최고	평균
063.9960	197	1순위	해당지역	45	(△152)	청약 접수 종료	해당지역	-	-	-
			기타지역	31	(△121)					
		2순위	해당지역	27	(△94)		기타지역	-	-	-
			기타지역	39	(△55)					
074.9925	245	1순위	해당지역	136	(△109)	청약 접수 종료	해당지역	-	-	-
			기타지역	61	(△48)					
		2순위	해당지역	173	3.60		기타지역	-	-	-
			기타지역	74						
084.9630	39	1순위	해당지역	19	(△20)	청약 접수 종료	해당지역	-	-	-
			기타지역	5	(△15)					
		2순위	해당지역	220	14.67		기타지역	-	-	-
			기타지역	102	-					
			해당지역	54	1.50					

청약홈으로 살펴본 동일하이빌파크테라스 청약 결과

한 역발상 전략이다.

미달이 나는 타입과 평형은 투자가치가 없다고 믿는 사람이 많다. 그렇지 않다. 어차피 완공이 된 이후에 물건이 없으면 타입과 평형을 가리지 않고 수요가 몰린다. 입지와 내재가치만 뛰어나다면 타입과 평형은 투자가치에 큰 영향을 미치지 않는다. 예를 들어 소형 평형이란 이유로 미달이 났다고 가정해보자. 투자자 입장에선 오히려 좋은 기회가 될 수 있다. 소형은 경기가 안 좋을수록 가격 방어도 잘되고 전월세도 잘 나간다. 물론 지방이라면 소형보다는 대형 평형이 더 인기가 있는 게 사실이다. 그렇다고 투자가치가 없지는 않다. 미달이 나는 경우 좋은 층에 배정될 확률이 높아지기 때문이다.

동일하이빌파크테라스는 1순위에서 미달이 나서 2순위까지 청약을 받았다. 2순위는 가입 기간과 상관없이 청약통장만 있으면 신청이 가능했기

지역별 예치금액			
면적 구분 (전용면적)	서울·부산	기타 광역시	기타 시군
85m² 이하	300만 원	250만 원	200만 원
102m² 이하	600만 원	400만 원	300만 원
135m² 이하	1천만 원	700만 원	400만 원
모든 면적	1,500만 원	1천만 원	500만 원

에, 6개월 이내에 다른 아파트에 당첨된 이력이 있는 나도 2순위로 당첨될 수 있었다. 나뿐만 아니라 이미 집이 있는 내 회원들도 여럿 당첨되었다. 이처럼 1순위 조건은 지역과 물건에 따라 상이하다. 동일하이빌파크테라스는 청약통장에 가입하고 6개월을 채우면 1순위 조건이 충족된다. 이처럼 꼭 2년이 아니더라도 1순위가 되는 지역이 있다.

예치금액도 지역별로 다른데 서울의 경우 전용면적 85m² 이하는 300만 원이다. 한 가지 팁을 주자면 일단 청약에 당첨되면 해당 청약통장으로는 다른 곳에 또 청약을 넣을 수 없다. 따라서 당첨된 청약통장을 없애고 새롭게 만들어야 하는데, 이때 꼭 예치금을 한 번에 300만 원까지 채울 필요는 없다. 예치금액을 채워도 기간이 경과되지 않으면 1순위가 안 되기 때문이다. 따라서 일단 2만 원만 예치하고 나머지 예치금 298만 원은 기간이 거의 도래했을 때 한꺼번에 입금하면 된다. 만일 큰 평수를 노린다면 예치금액 기준에 맞춰 액수를 늘리면 된다. 예를 들어 서울에 거주하는데 전용면적 135m² 이상을 노린다면 필요한 예치금은 최소 1천만 원이다.

동일하이빌파크테라스를 눈여겨본 이유는 저렴한 분양가 때문이었다. 전용면적 63m²의 분양가가 2억 원대로 굉장히 저렴했다. 서울에 있는 웬만한 원룸 오피스텔도 거의 2억 원 이상인 걸 감안하면 투자가치가 굉장히 높았다. 최근 물가 상승으로 원자재 가격과 인건비가 가파르게 오르고 있다. 지방이라고 해도 이 정도 가격으로 분양받기란 쉽지 않다.

정부의 부동산 비규제지역인 충북 혁신도시 집값이 크게 오르고 있습니다. 외지인들이 상대적으로 대출 규제 등이 없는 혁신도시 아파트를 매입하는, 이른바 '풍선 효과'라는 분석이 나오고 있습니다. (…) 지난달, 혁신도시 내 있는 84m² 아파트 실거래가격이 3억 8천만 원까지 올라 최근 두 달여 사이 1억 원 정도 급등했습니다. 혁신도시로 투자자들이 몰리는 것은 비규제지역이어서 대출 규제가 없는데다 신축 아파트가 많기 때문으로 풀이됩니다.

2021년 3월 8일 〈KBS〉 보도다. 동일하이빌파크테라스는 완판된 후 가격이 크게 오르기 시작했다. 충북혁신도시가 전체적으로 상승했는데, 그동안 저평가되어 있었기 때문에 순풍을 타고 가격이 오른 것이다. 인근 지역 아파트 모아엘가더테라스의 현재 가격과 비교해보면 분양가 대비 최소 2억 원 이상 올랐다고 봐도 무방하다. 물론 호가 기준이고 시황에 따라 가격이 떨어질 수 있지만 2억~3억 원대 분양가였음을 감안하면 절대 손해 보는 투자는 아니다. 무엇보다 분양이기 때문에 중도금 대출이 나오면 투자금은 계약금 2천만 원에 불과하다. 동일하이빌파크테라스는 2024년 2월 입주 예정이다. 예측하건데 완공 시점에는 전세가가 분양가를 넘거나 거의 비슷할 것이라고 생각한다. 전세를 받아 잔금을 치르면 실제로 들어가는 돈은 한 푼도 없는 셈이다.

많은 사람이 이야기한다. 수도권 아파트에 당첨되기 위해 청약통장을 쓰는 게 아깝다고. 맞다. 서울 핵심 입지 아파트에 당첨될 가능성이 있는 사람이라면 청약통장을 아끼는 게 맞다. 하지만 청약가점이 그렇게까지 압도적으로 높은 사람이 몇이나 될까? 청약가점이 낮다면 틈새시장을 노려 미래가치가 뛰어난 저평가된 물건을 매입하는 전략을 권한다. 당첨 이후에도 재당첨 제한이 없는 지역을 계속해서 노리면 청약통장을 얼마든지 효율적으로 쓸 수 있다.

청약가점이 높아도 오히려 이 전략이 더 유효할지 모른다. 기회를 아낀다고 청약통장을 오랜 기간 묵히는 것보다 이렇게 계속해서 틈새를 노리는 전략이 자산 증식 차원에서 더 유리하다. 물론 모든 청약이 투자가치가 있는 건 아니다. 유망한 단지를 가려낼 수 있는 안목이 필요하다. 그런 안목만 있다면 얼마든지 청약통장을 활용해 자산을 증식할 수 있다.

돈만 많으면 강남에 있는 아파트도 일반 매매로 살 수 있다. 2년 혹은 1년에 한 번씩 청약에 도전해서 당첨되고 자산을 키운다면 청약이 아니어도 훗날 얼마든지 강남 아파트를 살 수 있다. 이것이 청약통장을 20년간 쓰지 않는 것보다 훨씬 나은 선택지다. 고정관념을 버리고 생각을 바꿔야 여러분도 성장할 수 있다.

청약가점
그리고 특별공급

청약가점이 높다면 일반 매매보다 청약을 통해 내 집 마련을 하는 것이 유리하다. 하지만 대부분의 사람은 청약가점이 높지 않다. 따라서 청약점수부터 확인해야 한다. 일반적으로 청약점수가 60점 이상이면 높다고 보지만, 그 이하라면 수도권 유망 단지 청약에 당첨되기란 쉽지 않다. 청약점수는 '청약홈'에서 알 수 있다.

간혹 청약가점이 높지 않은데 특별공급 청약에 당첨되는 사례가 있다. 특별공급이란 다자녀가구, 신혼부부, 노부모부양자 등과 같이 정책적 배려가 필요한 사회계층이 주택을 마련할 수 있도록 지원하는 제도를 뜻한다. 자격만 된다면 특별공급으로 내 집 마련이 가능하다.

자녀가 4명인 회원분이 계셨다. 다자녀가구 특별공급으로 충분히 입지 좋은 아파트에 당첨될 수 있을 것 같아 살고 있는 집을 처분하고 특별공급을 노려보자고 조언했다. 전략적으로 당첨 가능성이 높고 미래가치가 충분한 지역을 몇 군데 추천해드렸다. 그리고 당첨되어 내 집 마련에 성공하셨다.

노부모를 부양하는 경우에도 특별공급 대상이다. 동생과 함께 아버지를 모시고 사는 회원분이 계셨다. 회원분은 유주택자였지만 동생과 아버지는 무주택자였다. 집이 있는 회원분만 세대분리를 통해 세대원에서 빠져나오면 남아 있는 동생은 노부모부양 특별공급 대상에 부합했다. 그래서 세대분리를 권해드렸고 동생은 무난히 노부모부양 특별공급으로 내 집 마련에 성공했다. 이처럼 조건에 부합하지 않더라도 세대분리를 통해 특별공급 자격을 만들 수 있다.

특별공급의 장점은 지역과 상관없이 청약을 넣을 수 있다는 점이다. 지방에 살아도 수도권 청약이 가능하고, 유주택자일지라도 기존 주택을 처분해 무주택자가 되면 청약이 가능하다. 특별공급은 일반공급보다 우선한다. 따라서 특별공급에서 떨어지더라도 일반공급으로 한 번 더 청약을 넣을 수 있는 기회가 있다.

✚ 나에게 맞는 특별공급 파악하기

특별공급은 종류에 따라 자산과 소득 요건이 다르다. 따라서 조건에 다 부합한다면 특별공급을 노려야 한다. 항목마다 자산 요건, 소득 요건, 세대

특별공급 종류 및 요건					
구분	기관추천	다자녀가구	신혼부부	노부모부양	생애최초
입주자 저축	6개월, 6회 이상 ※국가유공자, 장애인 불필요	6개월, 6회 이상	6개월, 6회 이상	투기과열 및 청약과열지역 입주자저축 1순위 적용 기준 충족	투기과열 및 청약과열지역 입주자저축 1순위 적용 기준 충족 ※선납금 포함 600만 원 이상
자산 요건	미적용	적용	적용	적용	적용
소득 요건	미적용	적용	적용	적용	적용
세대주 요건	미적용	미적용	미적용	적용	적용

주 요건이 다르기 때문에 우선 이런 조건을 충족해야 한다. 자세한 관련 사항은 입주자 모집공고를 통해 확인할 수 있다.

특별공급은 생애 단 한 번만 쓸 수 있고 무주택자만 해당되므로 가능성이 있다면 우선 특별공급을 노리는 게 현명하다. 또한 자녀가 4명 이상이라면 다자녀가구 특별공급을 노릴 수 있기 때문에 집이 있다면 집을 처분해서 무주택자가 된 이후에 지원하는 방법도 있다. 이 밖에도 앞선 사례처럼 세대분리를 통해 특별공급 자격을 만들 수 있다.

만일 특별공급 조건을 채울 가능성이 없다면 판단을 빠르게 내려야 한다. 청약통장을 갖고만 있고 아무것도 하지 않는 건 위험한 행동이다. 속된 말로 청약통장은 아끼면 똥 된다.

청약을 활용한 징검다리 전략

3년 전에 한 분이 서울에 있는 지역주택조합 아파트를 살지 말지 고민 중이라며 상담을 요청했다. 지역주택조합은 원수에게 권한다는 말이 있다. 그만큼 사업성이 없거나 무산될 여지가 크고 하염없이 기다리는 경우가 많다. 전작 『대한민국 부동산, 어떻게 흘러갈 것인가?』에서도 절대 하지 말아야 할 부동산 투자로 지역주택조합 아파트, 호텔 객실 분양, 기획부동산에서 판매하는 토지, 쇼핑몰 상가 분양을 언급한 바 있다. 부동산은 이런 지뢰밭만 피해도 절반은 성공이다.

물론 유망한 지역주택조합도 간혹 있다. 그러나 불확실성이 너무 크고 성공 가능성이 높지 않다. 안전하게 돈을 불릴 수 있는 방법이 많은데 굳이 리스크를 감내하면서 투자할 필요는 없다. 아무리 사업성이 높다고 선전해도 지역주택조합은 결코 손대지 않는 게 좋다. 그래서 상담을 통해 지역

주택조합의 문제점에 대해 설명해드리고 계약을 안 하면 좋겠다는 의견을 드렸다.

청약통장이 있는지 물어보니 본인과 배우자 둘 다 청약통장이 있다고 하셨다. 때마침 상담 다음 날 입주자 모집공고가 올라오는 입지 좋은 물건이 있어 청약을 신청하라 권했다. 본인과 배우자 각각 청약을 넣으라고 조언했다. 많은 사람이 세대주만 청약이 가능하다고 생각하는데 세대원도 청약이 가능하다. 가점을 확인해보니 충분히 당첨 가능성이 있어 평형과 타입도 좋은 쪽으로 권해드렸다.

그런데 예치금이 부족했다. 지방의 경우 전용면적 85m² 이하는 예치금 200만 원이 필요했는데 두 분 다 금액이 조금 부족했다. 나는 내일이 입주자 모집공고일이니 오늘 당장 부족한 금액을 채우라고 조언했다. 왜냐하면 입주자 모집공고일 이후에는 뒤늦게 예치금을 맞춰도 자격이 안 되기 때문이다. 다행히 두 분 다 하루 차이로 아슬아슬하게 예치금을 맞출 수 있었다.

이후 두 분 모두 청약에 당첨되셨다. 워낙 분양가가 저렴한 지역이었기 때문에 지금은 시세차익만 최소 4억 원 이상이다. 부부가 함께 청약으로 수년 만에 8억 원을 번 것이다. 처음에 두 분이 지역주택조합 아파트를 고려했던 이유는 서울에 내 집 마련을 하고 싶다는 꿈 때문이었다. 목표로 한 서울 아파트는 아니지만, 청약에 당첨된 아파트 2채를 팔고 돈을 좀 더 보태면 서울 아파트 매매도 충분히 가능하다.

+ 한 번에 대박을 노릴 필요는 없다

한 번에 서울에 입성할 수 있다면 더할 나위 없이 좋을 것이다. 하지만 자본이 부족하다면 징검다리 전략, 즉 투자성 있는 수도권 부동산을 여러 채 사서 시세차익을 남기는 방식으로 자산을 어느 정도 증식시킨 다음 서울 입성을 노려야 한다.

경기가 좋지 않아도 분양가 이하로 떨어지는 경우는 많지 않기 때문에 수도권 소액 부동산은 큰 부담이 없다. 무엇보다 청약은 최소한의 안전마진이 확보된다는 장점이 있다. 분양가 상한제로 인해 주변 시세보다 저렴하게 분양받을 수 있다. 또 일반 매매와 달리 중개수수료와 같은 부대비용도 없다.

청약의 본질을 알면 청약을 통해 돈을 버는 건 너무 쉽다. 조건만 된다면 청약을 통해 부동산 투자를 하지 않을 이유가 전혀 없다.

2번의 청약 당첨으로 자산을 불리다

　4년 전, 한 여성 회원분이 상담을 요청했다. 내가 쓴 칼럼을 읽고 홀린 듯이 정보를 검색해 직접 찾아 오셨다고 한다. 처음 보자마자 환하게 웃으시면서 아이처럼 좋아하시던 모습이 기억에 남는다. 그런 표정과 미소는 절대 인위적으로 만들 수 없다는 걸 알기에 나 또한 기분이 좋아졌다. 누군가 나를 지지해주고 좋아해준다는 사실만으로도 큰 행복감을 느낀다. 사람은 누구나 부족한 존재이기 때문에 서로 의지하고 도우며 살아야 한다. 서로가 서로를 도와 발전적인 관계로 나아갈 수 있다면 그보다 좋은 일이 있겠는가?

　그녀는 현금 1억 원 정도를 갖고 있는데 어떤 식으로 써야 할지 갈피를 못 잡겠다며 상담을 신청했다. 서울에 살고 싶어 했지만 현금 1억 원으로는 절대 서울 아파트를 살 수 없었다. 이야기를 들어보니 남편이 군복무를

10년 이상 하셨다. 이런 경우 기관추천 특별공급 대상에 해당되기에 특별공급과 관련해 안내해드리고 청약이 가능한 지역을 선별해드렸다. 당장 서울은 힘들지만 수도권 3억~4억 원대 아파트 청약은 지금 갖고 있는 현금 1억 원으로도 충분히 가능하다고 조언했다.

+ 순자산 1억 원이 10억 원이 되기까지

구체적인 계획을 제시하자 그녀는 "제가 잘할 수 있을까요?" 하고 반신반의했다. 솔직히 나도 100% 확신할 수는 없었다. 그래도 당시에는 "한번 해봅시다" 하고 호기롭게 대답했던 것 같다. 이후 지속적으로 소통하며 기관추천 특별공급을 노렸다. 그때만 해도 수도권 청약 시장이 지금처럼 과열양상을 보이지 않을 때여서 다행히 경쟁률은 높지 않았다. 그렇게 계획대로 파주 운정신도시 아파트 청약에 당첨되었다. 서울이 아니다 보니 처음에는 그녀도 불안해했다. 당첨 이후에도 "계약하는 게 맞겠죠?" 하고 재차 물어보셨다. 그때마다 나는 1억 원으로는 서울 아파트를 살 수 없을 뿐더러, 지금은 부동산 시장이 잠시 소강상태지만 분위기가 곧 좋아질 것이라고 설득했다.

4년이 지난 현재 해당 아파트는 프리미엄만 약 4억 원이다. 그녀는 부동산에 대해 무지했지만 내 칼럼과 유튜브 영상을 반복해서 볼 정도로 나를 신뢰했으며, 나름대로 시간을 내 투자 공부도 게을리 하지 않았다. 준비된

자에게 기회가 온다고 했던가. 이후 또 한 번의 기회가 찾아왔다. 눈여겨보던 괜찮은 지역이 있어 나는 다시 한번 청약에 도전해보자고 조언했다. 재당첨 제한이 없는 단지였기 때문에 운정신도시 당첨 이력은 문제가 되지 않았다. 그리고 운 좋게도 원하는 타입과 평형에 당첨되셨다.

운정신도시 아파트와 새롭게 당첨된 아파트는 입주 시점이 1년 정도 차이가 났다. 즉 보유한 분양권은 2개지만 일시적 1가구 2주택 전략이 가능했다. 2021년 이전에 취득한 운정신도시는 당시 비조정대상지역이었기 때문에 향후 조정대상지역으로 묶여도 거주 요건 없이 2년만 보유하면 일시적 1가구 2주택으로 12억 원까지 양도세 비과세가 가능했다. 즉 운정신도시 아파트는 4억 원이 올라도 세금을 한 푼도 안 내도 된다.

두 번째로 당첨된 곳도 입주 시점이 되면 최소 3억 원 정도 오를 것으로 보인다. 운정신도시 아파트도 3억 원 정도 오를 테니, 처음 갖고 있던 순자산 1억 원으로 각각 3억 원씩 최소 6억 원을 번 것이다. 여기에 그동안 저축한 돈을 합치면 서울에 있는 구축 아파트를 매입할 수 있다. 서울 구축 아파트를 매입하면서 그녀는 두 번째 집도 일시적 1가구 2주택 전략을 활용해 비과세 혜택을 받을 수 있다. 이후 매입한 서울 구축 아파트의 가격이 오르면 그녀의 순자산은 수년 만에 1억 원에서 10억 원이 되는 것이다.

물론 운도 굉장히 좋았다. 두 번이나 청약에 당첨되었기 때문이다. 하지만 운 못지않게 노력과 정성도 뒤따랐다. 할 수 있다는 믿음을 가지고 끊임없이 노력했다. 운과 노력을 비율로 계산해보면 4:6 정도는 된다고 생각한다. 긍정적인 마인드, 꾸준한 관심과 공부, 전문가에 대한 신뢰와 애정, 무엇보다 자신의 판단을 믿고 행동하는 과감한 실행력이 있었기에 가능한 일이었다. 그만큼 확신을 갖고 투자에 임했기에 좋은 결과가 따라왔다고 생각한다. 부자가 되고 싶고, 성공하고 싶다면 꼭 필요한 요소들이다. 아직도 투자를 망설이고 있다면 그녀의 사례를 통해 다시 한번 생각해보기 바란다.

분양권 전매에서
답을 찾다

　최근에는 청약통장이 없는 경우도 드물지만 종종 있다. 청약통장을 만들어서 1순위가 되기까지는 시간이 오래 걸린다. 그사이 집값이 빠르게 올라 시기를 놓치면 두고두고 후회하게 될지 모른다. 이런 경우 분양권 전매를 통해 투자하는 방법이 있다. 일반적으로 서울은 분양권 전매가 금지되어 있다. 다행히 현 정부가 지난 2023년 4월부터 분양권 전매제한 기간을 대폭 완화하면서 최대 10년에 달했던 전매제한 기간이 수도권은 최대 3년, 비수도권은 최대 1년으로 단축되었다. 2015년 무렵엔 마곡힐스테이트도 분양권 거래가 가능했다. 당시 분양가보다 프리미엄이 2천만 원 정도밖에 붙지 않은 상황이었다. 이때 만일 프리미엄을 주더라도 분양권을 샀다면 10억 원 이상의 시세차익을 얻을 수 있었다.

+ 분양권 투자로 틈새를 노리다

핵심 입지는 분양권 거래가 제한되어 있지만 지금도 여전히 합법적으로 가능한 지역은 있다. 수도권 일부 지역과 광역시는 분양권 전매제한 기간이 6개월이다. 분양 후 6개월이 지나면 프리미엄을 주고 얼마든지 분양권을 살 수 있다. 틈새를 포착하면 여전히 기회는 남아 있는 셈이다.

분양권 전매도 요령이 필요하다. 일반적으로 잔금을 치를 시점이 되면 분양가 이하로 마이너스 프리미엄으로 나오는 단지가 종종 있다. 김포 한강신도시가 그랬다. 입주물량이 쏟아지자 잔금을 치르지 못하고 계약금을 포기하거나 분양가 대비 마이너스 2천만~3천만 원으로 나온 물건이 많았다. 이런 기회를 놓치지 않고 잡은 사람은 적지 않은 수익을 냈다.

일반적으로 사람들은 마이너스 프리미엄이라고 하면 왠지 이유가 있을 것 같고 사면 안 된다고 생각한다. 그게 대중의 심리다. 마이너스 프리미엄이라고 해서 아예 관심 밖에 두지 말고, 마이너스 프리미엄으로 나온 이유에 대해 분석할 필요가 있다. 향후 그 지역의 전망이 밝다면 분양가보다 싸게 아파트를 살 수 있는 기회가 생긴다. 원인 분석을 철저히 했다면 과감하게 투자하는 용기와 결단만 있으면 된다.

매도자 입장이라면 일부 마이너스 프리미엄으로 나온 매물이 있다 하더라도 일시적인지 아닌지 차분히 판단할 필요가 있다. 자금계획에 이상이 없다면 분양받은 물건을 헐값에 던질 게 아니라 좀 더 기다리는 여유를 가져야 한다. 사람 심리가 그렇다. 오르면 더 오를 것 같아서 안 팔고 싶고,

조금이라도 떨어지면 왠지 더 떨어질 것 같아서 빨리 팔고 싶어진다. 장기 투자를 염두에 두고 들어와도 변동되는 가격을 보면 생각이 계속 바뀐다.

실제로 회원 중에 만류에도 아랑곳 않고 마이너스 프리미엄으로 분양권을 판 사례가 있다. 아무리 말려도 일단 한 번 마음을 먹으면 바꾸기가 쉽지 않다. 입주가 마무리되는 시점에 아파트 가격이 오르는 걸 보면서 어떤 생각이 들었을까? 안타깝지만 내가 할 수 있는 일은 없었다.

분양권 가격은 수시로 변한다. 일반적으로 분양권 전매제한이 풀리는 직후에 저렴한 편이다. 왜냐하면 전매제한이 풀린 직후에 그동안 팔고 싶어도 못 팔았던 사람들이 일시적으로 몰리기 때문이다. 따라서 분양권 매입을 고려하고 있다면 전매제한이 풀리는 직후에 매입하는 것이 좋다.

분양권의 본질은 무엇인가? 분양권을 보유해도 아직 아파트가 완공되지 않았기 때문에 그 모습을 상상하기란 어렵다. 한창 공사 중이기 때문에 주변도 어수선하고 좋게 보일 리 없다. 그 상황에서 남들이 마이너스 프리미엄으로 물건을 내놓으면 마음이 흔들린다. 하지만 막상 완공이 되면 웅장하고 깨끗한 단지의 모습이 드러나고, 누구나 살고 싶은 신축 아파트의 위용이 드러난다. 투자자인 우리가 주목해야 할 점은 바로 이 부분이다. 완공 전에도 완공 후의 모습을 머릿속에 그리고 개선될 주변 인프라와 교통 여건 등 아파트의 내재가치를 분석할 줄 알아야 한다.

중도금 대출이 실행될 때도 종종 급매물이 나온다. 중도금 대출이 나올 것이라 생각해 청약을 넣었는데 결격 사유로 대출이 안 나오는 경우가 있기 때문이다. 마찬가지로 이 시기를 잘 노려서 급매물을 잡아야 한다. 중도

159

5장. 청약과 분양권 투자의 이해

주택수에 따른 분양권 취득세율		
구분	조정대상지역	비조정대상지역
1주택	주택가액에 따라 1~3%	주택가액에 따라 1~3%
2주택	8%	주택가액에 따라 1~3%
3주택	12%	8%
4주택	12%	12%

금 대출이 실행되어 어느 정도 급매가 소화되면 분양권 가격이 조금씩 오르는 경우도 있다. 만약 분양권을 중간에 팔 계획이라면 중도금이 실행된 이후에 파는 것을 고려해볼 만하다.

분양권 상태에서 팔 경우 양도세율이 양도차익의 60~70%이기 때문에 세금적인 측면도 고려해야 한다. 과거에는 비조정대상지역의 경우 분양권 상태에서 팔아도 2년이 지나면 6~45%의 일반세율이 적용되었다. 현재는 취득 후 1년 내에 팔 경우 70%, 1~2년 내에 처분할 경우 60%이다 보니 분양권 거래가 쉽지 않은 상황이다.

분양권 거래 시 또 한 가지 주의할 점은 취득세다. 2021년 1월 1일 이후 취득한 분양권은 등기 시점의 주택수를 기준으로 취득세를 부과하지 않고, 분양권 취득 시점의 주택수에 따라 부과한다. 예를 들어 2021년 1월

1일 이전에 2주택을 보유한 투자자가 새롭게 비조정대상지역 분양권을 취득했다고 가정해보자. 분양권 등기 전에 기존 주택 한 채를 처분했다면 등기 시점에 분양권은 2번째 주택으로 취급되어 취득세 1~3%가 적용된다. 그러나 2021년 1월 1일 이후 취득한 분양권이라면 분양권 등기 전에 기존 주택 한 채를 처분해도 분양권 취득 시점에 3주택이기 때문에 8% 중과를 피할 수 없다.

6장
모르면 손해 보는
세금의 모든 것

"배우는 것이 많아질수록
모르는 것이 늘어난다"

_레이 달리오

부동산 세금
A to Z: 취득세

+ 세금, 기본만 알아도 충분하다

부동산 투자를 잘하기 위해서는 기본적으로 세금을 잘 알아야 한다. 이번 장에서는 부동산 세금에 대해서 기본적인 내용만 간략하게 설명하겠다. 세금은 정책에 따라 계속 변하기 때문에 기본적인 내용을 숙지한 후 변화된 세법을 추가적으로 공부해야 한다. 부동산 투자 관련 세금은 크게 취득세, 재산세, 종부세, 양도세로 나뉜다. 많은 분이 세금에 대해서 어렵게 생각하는데 기본적인 내용만 알면 충분하기 때문에 크게 어렵지 않다. 기본만 알아도 투자에 무리가 없다. 최대한 쉽고 간단하게 부동산 세금에 대해 알아보자.

✛ 취득세란 무엇인가?

우선 취득세다. 취득세는 말 그대로 주택을 취득할 때 내는 세금이다. 등기 시 내는 세금이기 때문에 분양권 상태에서는 내지 않는다. 금액과 면적에 따라 취득세는 달라진다. 대략적으로 6억 원 이하는 1%, 6억 원 초과 ~9억 원 이하는 2%, 9억 원 초과는 3%라고 생각하면 이해가 쉽다. 여기에 전용면적 85m² 이하인지, 초과인지에 따라 농특세, 교육세가 다르게 부과된다. 예를 들어 6억 원짜리 전용면적 59m²아파트를 샀다면 취득세 1%에 교육세 0.1%를 합한 1.1%, 즉 660만 원이 취득세로 부과된다.

지금 말한 취득세율은 1주택자 기준이다. 주택수가 늘어나면 주택수에 따라 취득세율이 달라진다. 1주택은 앞서 설명한 대로 주택가액에 따라 1~3%가 적용된다. 추가로 주택을 구입할 경우 조정대상지역은 2주택은 8%, 3주택은 12%가 적용된다. 다만 2주택이라고 하더라도 비조정대상지역인 경우 일반세율인 1~3%가 적용되기 때문에 이 부분도 반드시 숙지해야 한다.

예를 들어 서울에 집이 있는 사람이 비조정대상지역에 있는 아파트를 5억 원에 산다고 가정해보자. 2번째 주택인 비조정대상지역 아파트는 2주택임에도 불구하고 취득세를 8%가 아닌 1%만 내면 된다. 즉 4천만 원 (8%)이 아닌 500만 원(1%)만 내면 되기 때문에 차이가 크다.

조정대상지역일지라도 취득세를 일반세율(1~3%)만 낼 수 있는 방법이 있다. 일시적 1가구 2주택 전략을 활용하는 것이다. 신규 주택을 매수한

1주택자 기준 취득세율					
주택 가격	전용면적	취득세	농특세	교육세	총세율
6억 원 이하	85m² 이하 85m² 초과	1% 1%	– 0.2%	0.1% 0.1%	1.1% 1.3%
6억 원 초과 ~ 9억 원 이하	6.1억 원 85m² 이하 85m² 초과	1.07% 1.07%	– 0.2%	0.2% 0.2%	1.27% 1.47%
	6.5억 원 85m² 이하 85m² 초과	1.33% 1.33%	– 0.2%	0.2% 0.2%	1.53% 1.73%
	7억 원 85m² 이하 85m² 초과	1.67% 1.67%	– 0.2%	0.2% 0.2%	1.87% 2.07%
	7.5억 원 85m² 이하 85m² 초과	2.00% 2.00%	– 0.2%	0.2% 0.2%	2.20% 2.40%
	8억 원 85m² 이하 85m² 초과	2.33% 2.33%	– 0.2%	0.2% 0.2%	2.53% 2.73%
	8.5억 원 85m² 이하 85m² 초과	2.67% 2.67%	– 0.2%	0.2% 0.2%	2.87% 3.07%
	9억 원 85m² 이하 85m² 초과	3.00% 3.00%	– 0.2%	0.2% 0.2%	3.20% 3.4%
9억 원 초과	85m² 이하 85m² 초과	3% 3%	– 0.2%	0.3% 0.3%	3.3% 3.5%

시점에서 기존 주택을 3년 이내에만 처분하면 조정대상지역일지라도 취득세를 1~3%만 낼 수 있다.

취득세에서 또 하나 주의해야 할 점이 있다. 바로 오피스텔이다. 오피스텔의 주택수 포함 여부에 따라서 다른 주택 취득 시 취득세가 중과될 수 있기 때문이다. 예를 들어 서울에 집과 오피스텔이 있는 상태에서 비조정대

주택수에 따른 취득세율		
주택수	**취득 지역**	
	비조정대상지역	**조정대상지역**
1주택	1%(6억 원 이하)	
	1~3%(6억 원 초과~9억 원 이하)	
	3%(9억 원 초과)	
2주택	1~3%	8%
3주택	8%	12%
4주택 이상	12%	12%

상지역 아파트를 산다고 가정해보자. 오피스텔이 주택수에 포함된다면 새롭게 매입한 비조정대상지역 아파트는 3주택으로 간주된다. 이 경우 새롭게 취득한 집의 취득세는 8%에 달한다.

다만 모든 오피스텔이 주택수에 포함되는 건 아니기 때문에 꼼꼼히 확인해야 한다. 오피스텔이 주택수에 포함되는 법 개정 후, 즉 2020년 8월 12일 이후에 산 오피스텔은 주거용일 경우 주택수에 포함된다. 2020년 8월 12일 이전에 구입한 오피스텔은 주거용으로 쓰더라도 취득세 계산 시 주택으로 간주하지 않는다. 다만 양도세는 2020년 8월 12일 이전에 취득했더라도 주택수에 포함되기 때문에 주의해야 한다. 또 공시지가 1억 원 이하라면 취득세를 계산할 때 주택수에 포함되지 않기 때문에 오피스텔을 언제 구입했고, 공시지가는 얼마인지 따져볼 필요가 있다.

2020년 8월 12일 이후에 취득한 오피스텔일지라도 취득세 중과를 피할 수 있는 방법이 있다. 오피스텔을 업무용으로 쓰는 것이다. 주거용이 아니라면 취득세나 양도세에서 주택 중과를 피할 수 있다. 간혹 오피스텔을 업무용으로 임대하면 임대가 잘 안 나갈 것이라고 생각하지만, 입지가 좋은 지역의 업무용 오피스텔은 공실 없이 임대가 잘 나간다. 물론 주거용 오피스텔보다 임대료가 조금 저렴한 편이다.

최근에는 분양권도 주택수에 포함되기 때문에 주의가 필요하다. 서울에 집이 있고 비조정대상지역 분양권이 있는 상태에서 추가로 비조정대상지역 아파트를 살 경우에는 취득세가 8%로 중과된다. 다만 오피스텔 분양권은 분양권 상태에서는 주거용인지, 업무용인지 판가름이 안 나기 때문에 주택수에서 빠진다. 오피스텔 취득세는 오피스텔 개수와 상관없이 4.6%가 적용된다. 일단은 여기까지만 이해하고 오피스텔에 대한 내용은 뒤에서 다시 다루겠다.

부동산 세금 A to Z: 재산세, 종부세, 양도세

✚ 재산세와 종부세

취득할 때 취득세를 냈다면 보유할 때는 보유세인 재산세와 종부세(종합부동산세)를 내야 한다.

재산세는 재산세 납세고지서가 알아서 날아오기 때문에 따로 공부할 필요는 없다. 다만 재산세 부과 기준일이 6월 1일이므로 당해 재산세를 내지 않기 위해서는 6월 1일 이후에 취득해야 하고, 부동산을 팔 때는 6월 1일 이전에 팔아야 한다.

종부세는 부동산 투자 시 꼭 숙지해야 할 내용이다. 일반적으로 종부세는 기준시가 9억 원 이상일 경우 개인별로 과세된다. 즉 부부 공동명의라면 각각 9억 원씩 18억 원까지는 종부세가 나오지 않는다. 1주택일 경우

현행 12억 원까지는 종부세 과세 대상이 아니다. 다주택자일 경우 공동명의 혹은 각자 명의로 분산하는 게 유리하고, 1주택자라면 기준시가 12억 원까지 종부세 과세 대상이 아니기 때문에 굳이 공동명의를 할 필요는 없다. 서울에 남편 명의로 된 집이 있는데 기준시가가 6억 원이라면, 아내 명의로 기준시가 5억 원짜리 아파트를 사도 종부세가 나오지 않는다. 이렇게 명의를 분산해서 종부세를 안 내거나 적게 낼 수 있다.

재산세와 종부세는 간단하게 이 정도만 알아도 투자 결정에 큰 무리가 없다.

+ 양도세의 모든 것

다음은 양도 시점에 내야 하는 양도세다. 양도세는 투자 판단을 내리는 데 있어 가장 중요한 부분이다. 특히 비과세는 부동산 투자의 핵심이다. 현행 시세 12억 원까지는 비과세 대상이다. 즉 3억 원짜리 아파트를 분양받고 12억 원에 매도하더라도 1주택자라면 양도세를 한 푼도 내지 않는다. 양도차익만 무려 9억 원에 달하는데 세금을 전혀 내지 않는다. 금융상품이라면 이자소득세만 15.4%가 붙는다. 즉 이자나 배당이 1억 원 발생하면 1,540만 원을 세금으로 내야 한다. 더군다나 금융소득이 2천만 원을 초과하면 다른 소득과 합산과세되기 때문에 이자소득세 외의 세금까지 추가로 낼 수도 있다. 반면 부동산은 1주택자이거나, 일시적 1가구 2주택 전략을 활용하면 양도세를 한 푼도 내지 않을 수 있다. 이건 어떠한 금융상품에도 없는 엄청난 장점이다.

조정대상지역에 아파트를 한 채 사고 1년 후 조정대상지역에 있는 다른 아파트를 샀다고 가정해보자. 기존 주택을 6억 원에 사서 12억 원에 팔고, 신규 주택을 6억 원에 사서 12억 원에 팔아도 일시적 1가구 2주택 조건이 충족되면 각각 6억씩 12억 원까지 양도차익에 세금이 안 붙는다.

비과세 요건을 갖추기 위해서는 조정대상지역일 경우 2년 거주를 해야 하고, 비조정대상지역일 경우 2년만 보유하면 된다. 만일 두 주택 모두 조정대상지역 내에 있다면 신규 주택 취득 후 3년 이내에 기존 주택을 매도하면 된다. 이때 조정대상지역 아파트는 2년 거주 요건을 채워야 하지만, 2017년 8월 2일 이전에 취득한 주택은 조정대상지역이어도 2년만 보유하면 된다.

혼인을 통한 일시적 1가구 2주택 전략도 눈여겨볼 만하다. 나 역시 활용했던 방법이다. 2004년에 실거주 중인 목동 빌라가 있었다. 그리고 결혼 전 아내 명의로 부천에 있는 빌라를 매입했다. 그렇게 혼인 전에 각각 1주택씩 보유한 채 결혼을 하자 일시적 1가구 2주택이 되었다. 혼인신고 후 5년 이내에 비과세 요건을 갖춘 주택을 팔면 비과세 혜택을 받을 수 있고, 나머지 주택도 1주택이기 때문에 추후 비과세를 받을 수 있다.

일반적으로 청약은 혼인신고 이후에 넣는 게 미혼인 경우보다 유리하다. 따라서 본인이 결혼을 해서 청약을 통해 특별공급을 노린다면 일찍 혼인신고를 하는 게 맞다. 다만 결혼 이전에 각자 집을 한 채씩 매입해 비과세를 받을 계획이라면 혼인신고를 조금 늦추는 것도 한 방법이다. 혼인신고를 하지 않으면 상속권과 재산분할권이 없기 때문에 이 부분은 상식으로 염두에 둘 필요가 있다.

세금과 관련해서 간단하게 이야기했지만 이와 관련해 부수적으로 파생되는 세금은 어마어마하다. 따라서 부동산 투자로 좋은 성과를 거두기 위해서는 꾸준히 세금에 대해 숙지할 필요가 있다. 그렇다고 너무 겁먹을 필요는 없다. 이 책에 나온 기본적인 부분만 이해해도 부동산 투자를 시작할 수 있다.

만일 세금에 대해 정말 모르겠다면 주택 취득 및 양도 시점에 반드시 2명 이상의 세무 전문가와 상담할 필요가 있다. 세법이 워낙 자주 바뀌어서 전문가도 간혹 실수를 할 수 있기 때문에 2명 이상 만나는 걸 권한다. 세금은 어설프게 이해하면 나중에 큰 손해를 입을 수 있다. 투자를 직접 하면서 틈틈이 세금 공부를 병행하는 게 아무래도 기억에 잘 남고 덜 잊어먹는다. 무엇이든 실전에서 배우는 게 중요하다. 아무리 책을 읽고 강의를 들어도 직접 실천하지 않으면 내 것으로 만들 수 없다.

절세만 잘해도
반은 성공

세금 관계를 잘 이용하면 단기간에 큰 수익을 올릴 수 있는 포트폴리오를 짤 수 있다. 2020년 가을에 40대 중반의 미혼 회원분이 찾아왔다. 전재산은 전세금 포함 현금으로 6억 원가량이었다. 부동산 투자는 한 번도 해본 경험이 없다고 했다. 당시 부동산 시장이 활기를 띠던 시기여서 더 늦기 전에 투자를 해보고 싶다며 상담을 의뢰했다. 오랜 직장생활로 임원까지 올라갔지만 정작 자산은 나이에 비해 크지 않았다. 그는 투자하고 싶은 아파트 목록을 정리해 가져왔는데, 이미 가격이 많이 오른 상태여서 지금 들어가기에는 조금 늦었다고 판단했다.

현금 6억 원은 수도권 아파트도 전세를 끼고 충분히 살 수 있는 돈이다. 다만 직접 실거주할 아파트를 사기에는 조금 애매했다. 전세를 끼고 아파트를 사면 정작 본인은 전월세를 살아야 한다. 40대 중반 나이면 이제 슬

슬 노후도 준비해야 하는 시기다. 나는 그에게 두 가지 방안에 대해 설명해 드렸다.

첫 번째 방법은 현금 6억 원에 대출을 더해 내 집 마련을 하는 방법이고, 두 번째 방법은 금액을 나눠 여러 저평가된 지역의 부동산을 매입해 분산 투자하는 방법이다. 첫 번째 방법은 실거주 면에서 어느 정도 만족할 수 있지만 직장이 있는 강남에서 조금 멀어질 수 있고, 안전한 대신 자산이 크게 불어날 가능성은 적었다. 두 번째 방법은 추후 부동산 시장이 하락해도 현시점에서 저평가된 부동산이기 때문에 가격이 크게 떨어지지 않고, 추후 부동산이 상승하는 시기가 오면 크게 오를 여지가 있었다. 설명을 들은 그는 두 번째 방법을 선택했다.

+ 세금 없이 수익을 올리다

당시 옥정신도시에 미분양 물량이 일부 있었다. 거의 소진되고 몇 개 안 남았는데 그래도 아직 남아 있으니 한번 임장을 가보라고 권했다. 40평대의 분양가는 4억 원대였고, 무주택자였기에 중도금 대출도 나왔다. 그는 계약금 약 4천만 원으로 옥정신도시 미분양 아파트를 매입했다, 중도금은 대출을 받을 수 있기 때문에 입주 시점까지 따로 돈이 들어갈 일은 없었다. 그렇게 그는 처음으로 내 집 마련에 성공했다.

2021년 1월 1일 이전에 취득한 분양권은 주택수에 포함되지 않기 때문에 분양권은 있었지만 세금 면에서는 무주택자였다. 아직 투자할 돈이 남아 있었기 때문에 김포에 입주가 임박한 아파트를 약간의 프리미엄을 얹고 사는 방법을 권했다. 당시 김포는 비조정대상지역이었기 때문에 2년 보유만 해도 비과세가 가능했다. 따라서 김포에 입주하는 아파트를 매입해 전세를 놓고 2년 후에 팔면 비과세 혜택을 볼 수 있었다. 매입한 옥정신도시 아파트의 입주 시점은 2022년 1월쯤이었다. 옥정신도시 아파트를 등기한 다음, 김포 쪽 아파트를 3년 이내에만 매도하면 일시적 1가구 2주택 조건을 충족할 수 있었다.

김포 지역 공인중개사무소에 전화해보니 로열층이면서 비교적 프리미엄이 적은 아파트 하나가 눈에 들어왔다. 바로 계약금을 송금하고 몇 달 후 잔금을 치렀다. 당시 김포 쪽 시세가 심상치 않았기 때문에 잔금을 일찍 치렀는데, 역시나 잔금을 치른 이후 단기간에 아파트 가격이 2억 원 이상 올랐다. 바로 전세를 맞춰서 투자금을 어느 정도 회수했고, 전세금을 제한 투자금은 1억 원 정도에 불과했다. 이렇게 몇 달 만에 성과를 거두자 회원분도 부동산 투자에 재미를 느끼기 시작했다. 그는 자기가 살고 있는 전세금을 빼고 반전세로 살아도 좋으니 그 돈으로 투자할 곳이 없겠느냐고 물었다. 그래서 다시 투자할 곳을 물색했다.

그는 마침 청약통장이 있었다. 당시 과천 쪽에 청약 물량이 몰려 있어 아무래도 사람들의 관심이 그쪽에만 쏠려 있었다. 운정신도시 제일풍경채가 청약 대기 중이었는데 분양가나 입지 조건이 나쁘지 않아 보였다. 무엇보다 과천으로 이목이 집중되어 경쟁률도 그리 높지 않았다. 운정신도시는 당시 조정대상지역이 아니었기 때문에 유주택자의 세대원도 청약이 가능했다. 회원분의 어머니께서도 청약통장이 있다고 하셔서 두 분이 같이 넣는 전략으로 타입을 지정해드렸다. 그 결과 운 좋게도 두 분 다 청약에 당첨되었다.

사람들은 청약에 당첨되기가 어렵다고 생각하지만 그렇지 않다. 전략만 잘 짜면 당첨될 확률을 높일 수 있다. 나 역시 아파트, 오피스텔, 상가주택, 택지 분양 등 무려 10번 이상 당첨된 경험이 있다. 운정신도시는 비조정대상지역이었기 때문에 당첨된 3억 원대 아파트도 김포 쪽 아파트와 마찬가지로 중도금 대출이 나왔다. 어머니도 세대를 분리해 따로 살고 계셨기 때문에 중도금 대출에 문제가 없었다. 어머니의 경우 서울에 집이 있었지만 새로 매수한 운정신도시가 비조정대상지역이므로 취득세는 1%에 불과했다.

운정신도시 30평대 아파트의 분양가는 3억 원이었다. 투자금은 계약금 3천만 원씩 6천만 원이 들었다. 아파트 3채를 매입하는 데 든 투자금은 옥정신도시 아파트 4천만 원, 김포 아파트 1억 원, 운정신도시 6천만 원 총 2억 원에 불과했다. 아직 현금이 남아 있었기 때문에 좀 더 투자할 여력이 있었다. 마침 남양주에 별내동 소재 오피스텔 청약이 있어 투자가치를 분석해보니, 분양가도 저렴하고 입지도 좋아 보였다. 오피스텔 청약은 기존 청약과 별개로 청약통장도 필요 없고 재당첨 제한도 없다. 그래서 남은 돈으로 별내동 소재 오피스텔 청약을 노려보자고 권했다. 청약 경쟁률이 50:1에 육박했음에도 운 좋게 당첨되었다. 기회는 준비된 자에게 온다고 했던가. 평소 운이 없는 편이어서 별로 기대를 안 하셨는데 그 높은 경쟁률을 뚫고 오피스텔 청약에 한 번에 당첨되었다.

해당 오피스텔의 계약금은 5천만 원이었다. 한 가지 아쉬운 점은 오피스텔의 경우 주택도시보증공사(HUG) 보증이 아닌 시행사 자체 보증이 많아 추가로 중도금 대출이 나올 것이라 생각했는데, 해당 물건은 주택도시보증공사 보증이어서 중도금 대출이 나오지 않았다. 그래서 남아 있는 현금으로 중도금 대출을 충당해야 했다.

운정신도시 아파트 분양권의 경우 2021년 1월 1일 이전에 취득했기 때문에 주택수에 포함되지 않았다. 따라서 김포 운정신도시까지 순차적으로 팔면 3주택이지만 모두 비과세 혜택을 받을 수 있었다. 부동산 경기가 좋아져서 한 채당 5억~6억 원씩 오른다고 가정하면 최대 20억~30억 원의 자산을 세금 없이 벌 수 있는 포트폴리오다. 그것도 3억 원이 채 안 되는 돈으로 말이다.

지금은 분양권이 주택수에 포함되기 때문에 이처럼 일시적 1가구 2주택 혹은 일시적 1가구 3주택 전략이 힘들지만 그렇다고 전혀 방법이 없는 건 아니다. 2004년 내가 부동산 투자를 시작하던 시점에도 '부동산은 끝났다'라는 말이 사회 전반에 퍼진 분위기였다. 그럼에도 현재까지 수많은 기회를 발견했고 실제로 나를 포함해 많은 사람이 기회를 포착해 많은 돈을 벌었다. 지금도, 그리고 앞으로도 그런 기회들은 무궁무진하다고 생각한다.

이처럼 세금 관계를 잘 알면 포트폴리오를 잘 짤 수 있고 세금 없이 큰 수익을 얻을 수 있다. 따라서 세금만큼은 반드시 숙지할 필요가 있다. 부동산 세금은 되도록 책이나 전문가를 통해 공부하는 것을 권한다.

조정대상지역 vs. 비조정대상지역

　부동산은 크게 투기지역, 투기과열지구, 조정대상지역, 비조정대상지역으로 나뉜다. 그 차이를 세세히 알 필요는 없다. 가장 중요한 건 조정대상지역과 비조정대상지역의 차이다. 이 부분만 알아도 투자에 전혀 지장이 없다. 왜냐하면 조정대상지역과 비조정대상지역이 양도세, 취득세, 대출, 청약 등에서 가장 차이가 많이 나기 때문이다.

　참고로 2023년 1월 5일 이후 서울 4개구(강남구, 서초구, 송파구, 용산구)를 제외하고는 규제가 해제된 상황이다. 그동안 부동산 규제로 묶여 있던 지역은 투기과열지구 49곳, 조정대상지역 112곳이었지만 2022년 6월, 9월, 11월, 2023년 1월에 순차적으로 해제되면서 2023년 상반기 기준 서울 4개구를 제외한 나머지 도시의 제한이 모두 해제되었다. 다만 시장 상황에 따라 정책 기조는 얼마든지 달라질 수 있으므로 이번 장에서는 간략히 조정대상지역과 비조정대상지역을 비교하고 어떤 식으로 투자해야 할지 알아보겠다.

앞서 주택수에 따라서 취득세가 달라진다고 설명한 바 있다. 따라서 주택 구입 순서도 전략적으로 해야 한다. 그렇지 않으면 취득세나 양도세가 많이 나올 수 있다. 예를 들어 비조정대상지역에 1주택을 사고 조정대상지역 주택을 사면 조정대상지역 주택은 취득세 8%가 적용된다. 두 번째 주택이 조정대상지역이기 때문이다. 이런 경우 먼저 조정대상지역 주택을 구입한 후 비조정대상지역 아파트를 구입하는 식으로 순서를 바꿔야 둘 다 취득세를 일반세율(1~3%)로 낼 수 있다. 물론 일시적 1가구 2주택처럼 기존 주택을 3년 이내에 처분하면 조정지역대상일지라도 취득세를 1~3%만 낼 수 있다. 하지만 기존 주택을 처분하지 않을 계획이라면 반드시 순서를 지켜서 투자할 필요가 있다.

양도세도 마찬가지다. 비조정대상지역은 양도세가 중과가 아닌 누진세율로 적용된다. 물론 양도세 중과가 2024년 5월까지 한시 유예된 만큼 시간적으로 여유가 있는 상황이다. 개인적인 생각으로는 양도세 중과 제도가 폐지될 여지도 있다고 생각한다. 법이 어떻게 개정될지 지켜봐야겠지만 비조정대상지역의 경우 다주택을 팔더라도 양도세 중과 없이 일반세율로 확정적으로 팔 수 있어 장점이 많다. 그러므로 상대적으로 저평가된 비조정대상지역을 눈여겨볼 필요가 있다.

대출도 순서에 따라 달라진다. 먼저 비조정대상지역 아파트를 사고 조정대상지역 아파트를 살 경우 다주택자라면 대출이 잘 나오지 않는다. 반면 조정대상지역 내 아파트를 사서 담보대출을 받고 비조정대상지역 아파트를 살 경우 DSR 적용은 받지만 대출이 상대적으로 수월하게 나온다. 다만 조정대상지역 내에서 보금자리론과 같은 일주택자에게 혜택을 주는 대출을 받은 상태에서, 추가로 비조정대상지역 아파트나 분양권을 사면 대출이 회수될 수 있어 주의가 필요하다. 세무 전문가는 세무 부분만 알기 때문에 대출상품까지 조언해줄 수 없다. 마찬가지로 대출 상담사는 대출 부분만 알기 때문에 세금 부분까지 상담해줄 수 없다. 따라서 세금, 대출, 청약, 현금흐름, 투자 전략 등 투자자 본인이 어느 정도는 전체적인 흐름을 알아야 한다.

지식과 지혜는 다르다. 지식은 공부해서 배울 수 있지만 지혜는 직접 경험해보고 깨달아야 얻을 수 있다. 부동산 투자는 지식보다는 지혜가 필요한 분야라는 걸 잊지 말자.

+ 서울에 내 집을 마련하고 싶다면

많은 사람이 서울에 내 집 마련을 꿈꾸지만 이미 많이 오른 상황이다 보니 가격이 부담스러워서 쉽게 진입하지 못한다. 이런 경우 나는 3가지 안을 제안한다.

첫 번째, 살고 싶은 집을 미리 전세를 끼고 산 다음 본인은 월세나 반전세로 거주하면서 남는 돈으로 비조정대상지역에 투자하는 전략이다. 이 경우 비조정대상지역 아파트는 2년만 보유하면 비과세는 안 되더라도 일반세율로 팔 수 있다. 그렇게 전세를 끼고 산 아파트 전세금만큼 수익이 나면 전세금을 빼주고 직접 거주하는 전략이다. 비조정대상지역의 경우 2주택 취득세는 일반세율이고, 3주택 취득세는 8%다. 취득세를 감안하더라도 저평가된 좋은 매물이 있다면 3주택, 4주택씩 늘릴 필요가 있다. 부동산이 하락하고 있는 시기라면 미리 살고 싶은 주택을 전세를 끼고 구입한 다음 전세금을 돌려주기 위해 저평가된 곳 위주로 투자하는 게 바람직하다.

두 번째, 일시적 1가구 2주택을 활용해 비과세로 조금씩 옮겨가는 전략이다. 신규 주택 취득 후 기존 주택을 3년 이내에만 팔면 비과세 혜택을 받을 수 있다. 실제적으로는 2주택자이지만 1주택의 혜택을 누릴 수 있다. 이렇게 갈아타면서 자산을 키우는 방법이다. 물론 현재는 임대차 계약이 '2년+2년'이다 보니 매도 시기를 맞추기가 어렵다. 이런 부분만 보완할 수 있다면 얼마든지 세금 없이 자산을 키울 수 있다.

세 번째, 본인은 전월세에 거주하면서 저평가된 부동산을 여러 채 매입해 다주택자가 되는 전략이다. 나중에 여러 채 매입한 아파트를 팔아서 내가 원하는 지역의 부동산을 매입하면 된다. 내가 살길 원하는 곳이 핵심 입지라면 당연히 큰돈이 필요하다. 따라서 일단 거주 요건을 타협하고 돈을 벌기 위해 다주택자 포지션을 잡는다. 예를 들어 2018년에 서울 내 집 마련을 꿈꾸는 회원과 상담을 한 적이 있다. 원하는 지역에 입성하기에는 자금이 충분하지 않았다. 그래서 당시 저평가되어 있던 운정신도시, 한강신도시 아파트를 여러 채 매입하는 전략으로 투자를 계획했다. 수년이 지난 지금, 당시 샀던 아파트를 순차적으로 처분하면서 지금은 대출 없이 원하는 지역에 내 집 마련이 가능해졌다. 이렇게 원하는 지역에 무리하게 바로 입성하는 것보다, 투자 용도로 저평가되어 있는 지역 내 부동산을 여러 채 사는 전략이 자산을 불리기엔 효율적이다.

앞서 2020년 8월 12일 이후 취득한 오피스텔은 주택수에 포함된다고 이야기한 바 있다. 따라서 서울에 아파트를 사고, 오피스텔을 사고, 비조정 대상지역에 아파트를 사면 취득세가 일반세율이 아닌 8%가 적용된다. 여기서 순서만 바꾸면 같은 돈이어도 세금을 훨씬 아낄 수 있다. 서울에 아파트를 산 다음 비조정대상지역 아파트를 먼저 사고 오피스텔을 사면 세 번째 주택이 오피스텔이기 때문에 취득세를 4.6% 단일세율로만 낸다. 따라서 주거용 오피스텔을 살 경우 아파트나 주택을 다 취득한 이후에 사야 취득세를 절약할 수 있다. 또 주거용 오피스텔이라 할지라도 분양권 상태에서는 주택수에서 제외되므로 오피스텔 완공 시점인 등기 시점 전이라면, 서울에 집이 있는 상태에서 비조정대상지역 아파트를 사더라도 취득세가 중과되지 않는다. 이처럼 시점을 잘 분산해서 취득세를 아껴야 한다.

개인적인 생각은 이번 정부 말쯤에 취득세 중과가 없어질 것으로 보인다. 취득세 중과는 거래절벽을 일으키기 때문에 지방세 세수 확대 측면에서도 바람직하지 않다.

세금만큼 중요한
시간의 가치

✚ 500만 원짜리 점심식사

투자를 하다 보면 결정을 빨리 내려야 할 순간이 있다. 타이밍을 놓치면 원하는 물건을 적정가에 살 수 없기 때문이다. 마침 통장에 투자할 돈이 남아 있는 상황이라면 고민은 더 깊어진다. 예를 들어 한 지역에 최근 호재가 발표되었고, 해당 지역 아파트 매매가 추이를 살펴보니 가격이 떨어지다가 조금씩 반등할 조짐을 보이고 있다. 인근 지역과 유사 지역 시세와 비교해봐도 저평가되어 있는 게 확실하다. 당신이라면 어떤 선택을 하겠는가?

나는 곧바로 계약을 마음먹고 실행에 옮길 것이다. 계약을 하기로 마음먹은 시간은 10분이 채 걸리지 않았다. 잘 모르는 사람이 들으면 소위 '묻지마 투자'로 보일지 모른다. 아마 이 글을 읽는 독자라면 '한두 푼짜리 콩

나물도 아니고 억 단위의 아파트를 10분 만에 현장도 가보지 않고 계약을 결심한다고?'라고 생각할 것이다.

나처럼 10분 만에 투자하란 뜻은 아니다. 경험과 내공 없이는 불가능한 일이다. 오랫동안 투자를 하다 보니 지도와 관련 자료를 조금만 들여다봐도 투자 여부를 결정할 수 있게 되었다. 나는 곧바로 현지 공인중개사무소에 전화를 걸었다. 역시나 매물이 많지 않았다. 아니 거의 없었다. 다행히 잔금을 빨리 치르는 조건으로 25평짜리 소형 아파트가 1억 4천만 원에 나와 있었다. 그렇게 판단을 내리고 계약을 진행하려는 순간, 지인에게 연락이 왔다. "지나가던 길인데 점심 같이 먹을 수 있냐?" 하는 내용이었고 10분 이내로 도착할 수 있다고 했다. 일단 가능하다고 대답하고 전화를 끊었다. 지인이 오는 사이 계약을 진행하기에는 무리가 있다고 생각해서 일단 계약을 보류하고 나갈 준비를 했다. 그렇게 지인과 즐거운 식사를 하고 차도 마셨다.

집에 와서 다시 공인중개사에게 전화를 걸었다. 그러자 매도인이 갑자기 500만 원을 올리고 싶단다. 아침에만 해도 1억 4천만 원에 판다는 사람이 점심을 먹는 사이 생각이 달라져 1억 4,500만 원에 판다는 것이다. 나는 알았다고 대답하고 바로 가계약금을 입금했다. 아침에만 해도 500만 원 싸게 살 수 있었는데 조금 아쉬웠다. 한편으로는 이렇게라도 좋은 물건을 잡을 수 있어서 다행이라고 생각했다. 부동산 투자뿐만 아니라 사업에서도 시간은 곧 돈으로 환산된다. 경우에 따라서는 매분 매초가 몇백만 원, 몇천만 원 혹은 몇억 원으로 환산될 수 있다.

그럼에도 불구하고 많은 사람이 시간의 소중함을 간과하곤 한다. 대표적인 게 약속시간보다 늦게 도착하는 경우다. 약속시간보다 늦으면 그만큼 상대방의 시간이 쓸데없이 허비된다. 그나마 죄송하다며 사과하는 건 양반이다. 약속을 지키지 않고 아예 깨는 사람도 있다. 이런 행동은 본인한테도 마이너스지만 상대방에 대한 배려가 없다. 시간의 소중함을 잘 알기에 나 역시 가급적 약속을 잘 지키려고 노력한다. 물론 사람인지라 종종 불가피하게 지각하는 경우도 있다. 이 글을 쓰면서도 다시 한번 그러지 말아야겠다 다짐한다.

결론은 시간은 여러분이 생각하는 것보다 훨씬 소중할 수 있다는 것이다. 어쩌면 세금보다도 소중하다. 그렇기에 상대를 항상 배려하고, 상대가 시간을 잘 지키면 감사하는 마음을 가져야 한다. 그날 나와 같이 점심을 먹은 지인은 그 점심이 나에게 있어 500만 원의 가치를 가졌다는 걸 모를 것이다. 물론 그건 절대 말하지 않으려고 한다.

7장
문과 성공의
상관관계

"운은 아무것도 하지 않는 사람을
도울 수 없다."

_소포클레스

성공한 사람들은
왜 운이 따를까?

투자와 인생을 살아가는 데 있어 운은 매우 중요하다. 이번 장에서는 부동산 투자에서 운이 어떤 역할을 하는지, 또 어떻게 전략적으로 활용할 수 있는 하나씩 알아보겠다.

+ 운이 먼저인가, 성공이 먼저인가?

성공한 사람들의 이야기를 듣다 보면 한 가지 공통점이 있다. 아무리 힘들고 어려운 일이라도 그들은 결국 그 일을 극복해낸다. 그리고 항상 행운이 따른다.

운이 좋아서 성공을 하는 걸까, 성공을 했기 때문에 운이 좋아 보이는 걸까? 직업의 특성상 나는 많은 사람과 만날 기회가 있다. 회원들이 워낙 다양한 직업군을 갖고 있어 여러 방면의 의견을 많이 듣는다. 그런데 자기 분야에서 성공을 이룬 분들의 경우 한 가지 공통된 생각이 있다. 바로 본인이 굉장히 운이 좋다고 생각한다는 것이다. 성공에 있어서 운이 굉장히 중요한 부분이라고 생각한다. 이에 반해 성공 경험이 많지 않은 분들은 운이 별로 좋지 않다고 생각한다. 무엇보다 운의 중요성에 대해 관심이 없다.

간혹 상담을 할 때, 어떤 분은 크게 능력도 없어 보이고 그렇다고 머리 회전이 빠른 것도 아닌데 사업에서 큰 성과를 내어 의아한 경험이 있다. 하지만 그분과 대화를 하다 보면 성공의 비결을 알 수 있다. 그분은 운의 중요성에 대해 이해하고 있었고 운을 키우기 위해 많은 노력을 기울이고 있었다. 쉽게 말해 성공을 위해 '운 경영'을 한다고 해야 할까? 운을 활용해 성공의 길로 나아가고 있었다. 어쩌면 성공하는 사람들은 기본적으로 운을 경영하고 어느 정도 활용할 줄 아는 사람이라는 생각이 들었다.

나도 운이 좋은 사람 중 하나다. 6살 때 2층 베란다에서 떨어졌지만 아무 후유증 없이 지금도 잘 살고 있고, 항상 실력보다 운이 따라줘서 일이 잘 풀렸다. 그럴 때마다 '나는 실력보다 운이 좋다'라고 생각했다. 반면 정말 일이 안 풀릴 때는 죽어라 안 풀릴 때도 있었다. 21살, 논산훈련소에서 조교로 근무하면 휴가를 한 달에 한 번 간다는 말에 혹해 지원했는데 최종 관문인 사단장 면접에서 떨어졌다. 그리고 주특기 없이 당시 사병들이 제일 기피했던 27사단 이기자 부대로 전출되었다.

27사단 중에서도 훈련이 제일 힘들다는 연대로 갔고, 연대에서도 가장 고달픈 대대로 갔고, 대대에서도 가장 문제가 많은 소대로 가 이등병 생활을 시작했다. 엎친 데 덮친 격이라고 할까? 상병쯤 되어서 군 생활이 조금 편안해지자 다른 부대에서 탈영했던 병장이 내 위 선임병으로 전출되었다. 심지어 군대에 있는 동안 우리 집은 사업 실패로 경제적으로 큰 어려움을 겪고 있었다. 아버지마저 병환으로 병원에 입원하셨다. 그때를 생각하면 '어떻게 안 좋은 일이 그렇게까지 한꺼번에 왔을까?' 하는 생각이 든다. 친구에게 전화를 걸어 울면서 하소연을 했던 기억도 난다.

그래도 죽으라는 법은 없다. 힘들지만 꾹 참고 버티고 버텨 제대한 후 아르바이트도 하고, 여러 사람들과 만나면서 다시금 운이 트이는 걸 느낄 수 있었다. 제대 후 학원강사 아르바이트에 지원했는데 복학생임에도 불구하고 운 좋게 좋은 학원에 붙을 수 있었다. 졸업 후 취업을 했는데 같이 입사한 동기들보다 실적이 항상 좋았다. 무엇보다 20대 때 사랑하는 여자친구와 만나 결혼하고 지금은 두 자녀를 두고 건강하게 잘 살고 있다. 이보다 더 좋은 일이 어디 있겠는가?

살다 보면 누구나 시련은 있기 마련이다. 20대 초반만 하더라도 나처럼 운 없는 사람은 없을 것이라고 세상을 원망했지만, 올곧고 우직하게 노력하니 운이 다시 나를 찾아왔다. 운이 안 좋으면 안 좋을수록 언행을 조심할 필요가 있다. 그렇게 버티면 좋은 시절은 반드시 온다.

그럼 운의 중요성을 이해하고 운을 좋게 만들기 위해 노력하면 인생이 알아서 술술 잘 풀릴까? 그러기 위해서는 우선 운과 성공의 상관관계부터 이해해야 한다. 운과 성공의 상관관계를 이용하기 위해서는 우선 내가 열심히 임하는 분야가 운이 많이 작용하는 분야인지, 아니면 노력이 더 필요한 분야인지 파악해야 한다. 분야에 따라 아무리 열심히 노력해도 잘 안 풀리는 경우가 있다. 열심히 한다고 모두가 성공하는 것은 아니다.

예를 들어보자. 만약 당신이 손흥민과 같은 축구선수가 되기 위해 매일 열심히 축구를 한다고 가정해보자. 재능이 없고 나이가 많다면 당신은 결코 손흥민과 같은 축구선수가 될 수 없다. 남들보다 100배의 노력을 들이면 일정 수준까지 축구 실력은 올라가겠지만, 그렇다고 프로 선수가 될 수는 없다. 무조건 노력만 한다고 되는 일이 아니다.

또 다른 예를 들어보자. 로또에 당첨되기 위해서 당첨번호를 유추하고 알아내는 데에 엄청난 노력을 한다고 치자. 정말 열심히 노력하면 로또에 당첨될 수 있을까? 피를 깎는 노력을 기울여도 노력 대비 성과는 미미할 수밖에 없다. 이런 경우 노력은 큰 의미가 없다.

공부라면 이야기가 다르다. 아무리 운이 좋은 사람이라고 하더라도 모든 문제를 다 찍어서 맞힐 수는 없다. 반드시 일정 부분 노력이 필요하다. 자격증을 취득하고 싶다면 최소한 남들이 하는 만큼은 공부를 해야 한다. 설사 운이 나빠도 노력에 따라 얼마든지 합격 가능성을 높일 수 있다.

이제 조금 감이 오는가? 프로에서 이름 날리는 축구선수가 되기 위해서는 일정 부분 재능이 있어야 한다. 재능이 없다면 아무리 운이 좋아도 혹은 아무리 열심히 노력해도 손흥민 선수처럼 될 수는 없다. 따라서 우선은 본인이 해당 분야에 재능이 있는지부터 파악해야 한다. 재능은 정말 다양한 분야에서 나올 수 있다. 아무짝에도 쓸모없어 보이는 재능도 의외의 결과로 이어질 수 있다.

예를 들어 대식가로 유명한 사람이 있다고 가정해보자. 라면을 한 번에 10~20개를 먹을 수 있는 재능이 있다면 어디에 활용할 것인가? 과거 우리나라가 가난한 시절에는 아무짝에도 쓸모없는 재능으로 치부되었겠지만 지금은 먹방 유튜버로 누구보다 큰 성공을 거둘 수 있다. 이처럼 재능은 언제, 어떻게, 어떤 식으로 발현되고 성과를 거둘지 당장은 알 수 없다. 그 재능을 성공과 연관시키는 노력이 필요한 이유다.

로또 이야기로 다시 돌아가보자. 로또 당첨을 위해서 매일 밤 코피 터져가며 고시 공부하듯이 공부한들 당첨 확률이 올라가겠는가? 로또는 공부와는 전혀 상관이 없다. 아무리 노력을 기울여도 그 노력이 반드시 좋은 결과로 귀결되는 건 아니다. 로또는 말 그대로 100% 운에 의한 분야인 것이다. 반면 공인중개사 시험은 어떤가? 타고난 공부 재능이 도움은 될 수 있지만 그런 재능이 없어도 노력하면 노력할수록 자격증을 딸 가능성은 올라간다. 운도 필요하지만 로또에 비해 노력이 더 많이 개입하는 분야다.

운과 노력의 스펙트럼을 0부터 10까지 구분해서 본다면 로또는 노력 0, 운 10으로 나타낼 수 있다. 이에 반해 공인중개사 시험은 운 1, 노력 9라고 생각한다. 고스톱은 어떨까? 운칠기삼이라는 유명한 말처럼 운이 7이고 노력과 실력이 3이라고 생각한다. 이처럼 분야에 따라 운과 노력의 스펙트럼은 다르다. 성공하기 위해서는 이 스펙트럼부터 파악해야 한다. 그다음 자신의 재능을 고려해 노력을 기울일지 말지 판단한다. 아무리 노력해도 재능이 없으면 해당 분야에서 성공하기 힘들다. 도전하고자 하는 분야에 대해 내가 관심과 재능이 있는지, 그리고 그 분야가 운과 노력 중 어떤 게 더 필요한 분야인지 스펙트럼을 분석해야 효율적으로 성공할 수 있다.

운이 따르는 사람 vs. 노력만 하는 사람

    운과 노력의 상관관계를 이해했다면 이러한 상관관계를 전략적으로 이용하기 위해 행동할 필요가 있다. 운이 따르는 삶을 살고 싶은가, 운이 없다고 세상을 탓하며 헛된 노력만 일삼고 싶은가?

    학창 시절을 떠올려보면 공부를 아무리 많이 해도 성적이 나쁜 학생이 있고, 조금만 공부해도 성적이 잘 나오는 학생이 있다. 공부머리 차이도 있겠지만 얼마나 치밀하게 전략적으로 노력하는가에 따라서 효율이 달라질 수 있다. 일도 마찬가지다. 묵묵하게 자리만 지킨다고 효율이 올라가는 건 아니다. 야근을 많이 한다고 꼭 능률이 오르는 것도 아니다. 전략을 잘 세우고 계획에 따라 치밀하게 일해야 성과가 따라온다. 쉽게 말해 열심히 하는 것보다 잘하는 게 더 중요하다.

+ 누구나 재능은 있다

앞서 본인이 하는 일에 얼마나 재능이 있는지 알아볼 필요가 있다고 이야기한 바 있다. 사람은 누구나 재능이 다르다. 그렇기에 일에서 성과를 내기 위해서는 먼저 자기 자신을 면밀히 관찰해야 한다. 나를 예로 들어보면 글을 잘 쓴다. 전업 작가가 아님에도 벌써 3권의 책을 냈다. 물론 베스트셀러가 된 건 아니지만 이렇게 꾸준히 글을 쓰고 책을 내다 보면 언젠가 베스트셀러도 한 권 나오지 않겠는가? 글을 쓰는 재능이 있기 때문에 성공하기 위해 꾸준히 글을 쓴다.

그럼 만일 내가 책을 내서 성공에 이른다면 노력과 운의 스펙트럼의 비중은 어느 정도일까? 주관적인 견해로는 노력이 8, 운이 2라고 생각한다. 이건 개인적인 의견이니 과학적이지도 않고 모든 사람에게 똑같이 적용되는 값도 아니다. 여기서 말하고 싶은 건 책을 내는 건 운보다 노력이 더 많이 필요하다는 것이다.

그동안 나는 대개 운이 더 많이 작용하는 분야에서 성공을 거뒀다. 내 주변 사람들은 잘 알겠지만 나는 그렇게 열심히 노력하는 스타일은 아니다. 학교에 다닐 때도 그냥 적당히 뒤처지지 않는 정도로만 공부했고, 일도 설렁설렁 하는 편이었다. 매사 열심히 하는 스타일이 아닌, 그때그때 즉흥적으로 일하고 게으를 때는 게으른 편이다. 그런 나의 책이 단기간에 베스트셀러가 된다는 건 쉽지 않아 보인다. 하지만 나의 장점은 좋아하는 일을 포기하지 않고 꾸준히 한다는 것이다. 아직까지 글쓰기에 재미를 느끼고 있기 때문에 이 일이 질리지 않는다. 그래서 지속적으로 칼럼을 쓰고, 글을 쓴다.

재능도 중요하지만 일단 본인이 그 일에 흥미와 재미를 느껴야 노력을 지속할 수 있다. 단기간에 열심히 하는 것도 중요하지만 컨디션을 조절해가며 긴 호흡으로 임해야 하는 분야도 있다. 그런 분야는 탑을 쌓듯이 꾸준함을 무기 삼아 성실하게 노력해야 성과가 나온다. 생각보다 많은 사람이 작심삼일을 반복한다. 초반에 엄청난 노력과 열의를 갖고 임하지만 어쩌면 초반에 열정을 과하게 쏟아붓기에 그 일을 오랫동안 지속하지 못하는지도 모른다. 따라서 긴 호흡을 가지고 즐기면서 할 필요가 있다.

운이 따르는 사람이 되기 위해선 자신의 장점뿐만 아니라 단점도 명확히 파악해야 한다. 나의 단점은 셀 수 없을 정도로 많다. 어떻게 보면 사회생활이 어려울 정도로 굉장히 모자란 사람이기도 하다. 예를 들면 우선 나는 기계치다. 카메라 조작법도 잘 모르고 복잡한 기계에 관심도 없다. 부동산과 내가 좋아하는 분야 외에는 기계 말고도 모르는 게 더 많다. 또 항상 무언가를 골똘하게 생각하다 보니 주변 사람, 특히 가족이 하는 이야기를 잘 듣지 못한다. 만일 내가 이러한 나의 단점을 무시하고 기계를 다루는 일 혹은 남의 이야기를 경청하는 심리상담을 업으로 삼는다면 어떻게 될까? 높은 확률로 운이 없다고 세상을 탓하기만 하는 사람이 될 것이다.

나는 평소 고민도 많고 생각도 많이 하는 편이다. 그런 내가 고민 없이 단언하는 한 가지 진리가 있다. 바로 운을 잘 활용하면 훨씬 더 수월하게 성공할 수 있다는 점이다. 내가 하는 수많은 고민 중 하나는 '운을 어떻게 활용해서 성공에 접목시킬까?' 하는 부분이다. 다음 장에서는 운을 빠르게, 수월하게 전략적으로 활용하는 방법에 대해 알아보겠다.

운을 어떻게 이용할 것인가?

　운을 활용하고 성공하기 위해서는 본인이 노력보다 운이 더 따르는 사람인지, 아니면 인내심이 많아 남들보다 꾸준히 노력할 수 있는 사람인지 파악해야 한다. 그다음에 자신에게 맞는 접근 방법을 고려하는 것이 좋다. 예를 들어 본인이 그때그때 즉흥적으로 흥미를 끄는 일에 더 관심을 갖는 편이라면, 이런 사람은 인내심이 필요한 한 가지 일을 하는 것보다 다양한 일을 하는 게 성공할 가능성이 높다. 설사 한 가지 일에 우직하게 몰두하는 재능이 있다 하더라도 할 수 있다면 다양한 일을 경험하는 것이 좋다. 다양한 분야에서 경험을 쌓다 보면 얘기치 못한 부분에서 대박이 나는 경우도 있기 때문이다.

　우리 삶을 이롭게 만드는 세기의 발명품은 누군가의 연구와 노력 끝에 탄생한 것이지만 그중에는 실수, 우연, 얘기치 않은 순간에서 비롯된 것도 있다. 설탕보다 500배 단 인공 감미료 사카린은 한 화학자의 실수에서 탄생했다. 연구원 콘스탄틴 팔버그는 연구실에서 실험을 하다 손을 씻는 걸 깜빡하고 음식을 먹었는데, 그날따라 식사가 유난히 달콤하고 맛있었다고 한다. 손에 묻은 화학 혼합물 때문이었다. 실험실에서 여러 가지 화학 혼합물을 섞는 과정에서 우연히 인공 감미료 사카린을 발명한 것이다.

1928년 알렉산더 플레밍은 사무실을 청소하는 걸 깜박하고 휴가를 떠난다. 집에 오니 실험 중이던 배양균 접시에 곰팡이가 피어 있었고, 곰팡이가 핀 배양균에서는 박테리아가 자라지 않는다는 걸 발견한다. 이 덕분에 오늘날까지 의학계에서 가장 중요하게 쓰이는 항생제 페니실린을 발명한다.

이 밖에도 우연에서 비롯된 성공 사례를 너무나 많다. 따라서 운을 활용하려면 다양한 분야에서 다양한 시도를 통해 경험을 쌓을 필요가 있다. 만약 본인이 하고자 하는 일이 노력보다 운이 더 크게 작용하는 일이라면 더 자주, 더 다양하게 분야를 확장해야 한다. 특히 노력보다 운의 스펙트럼이 더 크게 작용하는 업종이라면 더 다양하고, 빈번하게 일을 확장해야 한다. 두통약을 개발하기 위해서 노력했던 약사가 우연히 코카콜라를 발명한 것처럼, 일단 시도하고 여러 방면으로 지속적으로 영역을 확장할 필요가 있다. 예를 들어 유튜버로 성공하고 싶다면 한 가지 영역의 깊이 있는 콘텐츠를 올리는 것도 중요하지만, 다양한 콘텐츠를 올려서 대박이 날 확률을 높이는 것도 중요한 전략이다.

운의 다른 말은 '다양성의 확장' '새로운 시도'라고 할 수 있다. 한 우물만 파면 성공한다는 공식은 반은 맞고 반은 틀린 말이다. 세상이 더 빠르게 변할수록 우리는 더 많은 시도와 노력을 해야 한다. 타성에 젖어 변화 없이 한 가지 일만 하다 보면 언제 도태될지 모른다. 이러한 진리는 개인뿐만 아니라 기업에도 적용된다. 과거 시대를 풍미한 모토로라나 코닥이 도태된 이유도 시대가 변함에도 계속해서 기존 업종을 기존의 방식으로 고집했기 때문이다. 휴대전화를 세계 최초로 개발하고 상용화한 모토로라는 스마트폰을 등한시하다 도태되었고, 코닥은 아날로그 카메라와 필름 사업을 고집하다 문을 닫았다. 강한 자가 살아남는 게 아니라 살아남는 자가 강한 것이다. 개인도 기업도 계속해서 다양하게 변화하지 않으면 운은 이어지지 않는다.

물론 성향상 여러 가지 일을 벌리고 분야를 확정하는 다양성과는 거리가 먼 사람도 있을 수 있다. 여러 가지 일을 동시다발적으로 처리하는 데 익숙하지 않다면, 억지로 다양한 일을 벌리는 것보다 본인이 잘할 수 있는 한 가지 일을 꾸준히 하는 게 더 나을 수 있다. 즉 본인의 성향과 스타일에 따라 운을 얻는 전략은 달라져야 한다.

본인이 여러 가지 분야로 일을 확장하고 경험을 쌓는 데 흥미를 느낀다면 그런 방식으로 좋은 운을 만들면 된다. 하지만 한 가지 일을 진득하게 하는 게 더 편하고 좋다면 처음부터 무리하게 다양한 일을 시도할 필요는 없다. 억지로 강요해봤자 역효과가 날 게 뻔하다. 따라서 조금씩 바뀌어야 한다. 한 번에 무리한 일을 한꺼번에 처리하는 게 아닌, 본인의 분야에서 어느 정도 성과를 내고 다음 분야로 넘어가는 과정이 필요하다.

방향성이 옳다고 과도하게 속도를 내다가는 역효과가 난다. 좋은 기회를 잡기 위해 분야를 넓히는 노력은 필요하지만, 너무 급작스러운 변화로 한 가지 분야의 과실이 익기도 전에 다른 분야로 넘어가는 것도 경계해야 할 부분이다.

✛ 운을 전략적으로 활용하는 방법

나 또한 운을 전략적으로 활용해서 부동산 투자로 많은 이득을 얻었다. 아파트, 오피스텔, 상가주택, 택지 분양 등 청약에 무려 10번 이상 당첨된 경험이 있다. 아파트 청약의 경우 한 번 당첨되기도 힘든데 나는 어떻게 10번 이상 당첨될 수 있었을까? 그냥 행운이 따르는 사람이어서? 아니면 미래를 예측하는 신묘한 능력이 있어서? 회사명이 '미래를 읽다'이긴 하지만 내가 미래를 예측하는 사람인 것은 당연히 아니다. 회원들과 함께 성공 경험을 이어오고 있는 이유는 철저한 분석, 확률과 통계에 기인한 판단, 시의적절한 결정, 거기에 더해 마지막으로 운을 활용했기 때문이다. 내가 어떻게 전략적으로 운을 확장하고 활용했는지 지금부터 상세히 이야기해보고자 한다.

나는 그동안의 경험을 통해 어떤 지역에서 청약이 나오면 그 지역의 투자가치와 적정 분양가, 당첨될 확률 등을 어느 정도 유추할 수 있다. 가령 동탄신도시에서 청약이 나오면 주변 시세 대비 분양가가 적정한지, 최근 비슷한 사례가 있다면 청약 경쟁률과 당첨자의 청약가점은 어느 정도인지, 향후 아파트 가격에 영향을 미칠 호재가 있다면 무엇인지 분석하고 유추한다. 이런 부분은 분명 노력의 영역이다. 꾸준히 노력하고 분석해서 얻을 수 있는 정보와 통찰력이다.

그다음으로 중요한 게 나의 청약 당첨 가능성이다. 고대 그리스 아폴론 신전 기둥에 새겨졌다는 '너 자신을 알라'라는 유명한 말은 부동산 투자에서도 통한다. '내 청약가점은 몇 점이지?' '내가 갖고 있는 자산은 어느 정도지?' '중도금 대출은 가능할까?' '입주 시 전세나 월세로 임대를 줘야 할까?' 등 여러 가지를 따져봐야 한다.

어느 정도 공부와 분석이 끝났다면 그다음부터는 운의 영역이다. 여기서부터 바로 운이 작용한다. 요지는 이렇다. 마냥 바라기만 하면 절대 좋은 운이 들어올 수 없다. 일정 부분 노력이 뒷받침되어야 운이 작용한다는 이야기다. 개인적으로 청약은 노력과 운의 스펙트럼이 4:6이라고 생각한다. 실력에 비해 운이 훨씬 중요한 분야인 건 맞지만 어느 정도 노력도 필요하단 뜻이다.

어쨌든 운이 더 크게 작용하기에 청약은 빈도가 중요하다. 많이 넣어야 확률도 올라간다. 그렇다면 실제적으로 어떻게 운을 활용해야 할까? 내가 마곡지구 청약에 당첨되었던 2015년만 하더라도 청약 시장이 현재처럼 과열 양상은 아니었다. 무엇보다 당시에는 유주택자도 가점이 아닌 추첨으로 당첨자를 뽑았기 때문에 지금처럼 청약가점이 높지 않아도 운이 좋으면 충분히 당첨 가능성이 있었다. 전용면적 84m²의 경우 판상형과 타워형 중 타입을 고를 수 있었는데 타입에 따라서 경쟁률이 달랐다.

전작『마흔살 건물주』에서도 강조했듯이 청약은 일단 당첨이 중요하다. 최대한 확률을 높여야 한다. 우리나라 사람들은 아무래도 집 내부가 네모 반듯한 판상형 타입을 선호한다. 타워형 형태의 길쭉한 평면도는 그다지 선호하지 않는다. 그래서 확률을 높이기 위해 비교적 경쟁률이 낮을 것으로 예상되는 타워형 타입을 선택했다. 만약 내가 욕심을 부려 판상형 타입을 골랐다면 확률적으로 당첨되기는 힘들었을 것이다. 전략적으로 틈새를 노려 과감히 결정을 내린 덕분에 청약에 당첨될 수 있었다.

집값이 더 떨어질지 모른다는 불안심리가 팽배한 시기였지만, 나는 당첨만 되면 수억 원의 시세차익을 얻을 수 있다는 확신이 있었다. 무엇보다 부동산 경기가 다시 살아날 것이라고 생각했다. 단순히 운에만 의존해선 안 된다. 부동산 시장을 냉정히 그리고 정확하게 꿰뚫고 있었기에 운도 따라올 수 있었다.

부동산 투자로 돈을 벌기 위해서는 남들은 보지 못하는 틈새를 볼 수 있는 안목이 필요하다. 내가 찾은 틈새는 비단 아파트 청약에만 국한되지 않는다. 이후 마곡지구는 투기과열지구에 이어 투기지역까지 규제가 격상되었다. 규제에 따라 나를 포함한 세대원은 향후 5년간 청약 당첨에 제한이 생겼다. 쉽게 말해 서울에서는 5년간 아파트 청약이 될 수 없다는 뜻이다. 또 그동안 많은 법이 바뀌면서 서울 전용면적 85m² 이하 청약은 100% 가점제로 바뀌었다. 다시 말해 이전에는 민간 건설사에서 짓는 서울 아파트일지라도 일정 부분 추첨 비율이 있었지만, 제도가 바뀌면서

100% 가점제로 바뀐 것이다(2023년 4월 1일 이후 추첨제가 최대 50% 늘어남).

그럼 이제 규제에 수긍해 청약을 포기하고 다시 법이 바뀔 때까지 기다리면 될까? 그런 사람도 있겠지만 나는 다른 선택을 했다. 새로운 곳으로 눈을 돌려 새롭게 판을 짰다. 청약가점이 낮았기 때문에 가점이 낮아도 당첨이 가능한 지역을 찾았다. 하지만 2015년 이후 청약 열기가 뜨겁게 달아오르면서 수도권까지 그 열기가 퍼져나간 상황이었다. 그래서 상대적으로 경쟁률은 낮지만 발전 가능성이 있는 저평가된 곳을 찾아야 했고, 그 중에서 내가 주목한 지역은 김포였다.

마침 서울이 아닌 비조정대상지역이었던 김포는 청약 당첨일로부터 2년만 지나도 청약에 넣을 수 있었다. 따라서 마곡지구에 당첨된 후 2년이 지난 시점에 다시 한번 김포에 1순위로 청약을 넣었다. 서울 거주자임에도 불구하고 나는 비교적 경쟁률이 낮은 타입을 골라 또 한 번 청약에 당첨될 수 있었다.

청약 당첨과 더불어 다른 좋은 기회도 발견했다. 해당 단지의 일부 저층과 타입이 일시적으로 미분양이 난 것이다. 당시만 하더라도 비조정대상지역은 5억 원까지는 가구당 2건씩 중도금 대출이 무이자였다. 그래서 아내의 명의로 미분양 아파트를 한 채 더 구입했다. 세대당 2건의 중도금 대출이 가능했기 때문에 우리가 필요한 자금은 분양가의 10%에 불과한 계약금이 전부였다. 수년이 흐른 지금, 그때 잡은 미분양 아파트는 억 단위로 가격이 올랐다.

청약 당첨은 이후에도 계속된다. 당첨된 청약통장은 다시 쓸 수 없기 때문에 나는 해지하고 새로 만들기를 반복했다. 그리고 2020년에 또다시 기회가 왔다. 2020년 무렵엔 이전보다 더 청약 열기가 뜨거웠다. 서울과 규제 지역을 제외한 외곽 지역에서는 1순위 청약이 가능했기 때문에 당첨 가능성이 높은 곳을 찾아다녔다. 하지만 대부분 경쟁률이 높아 당첨이 쉽지 않았다.

이때 내가 선택한 틈새 전략은 당첨 발표일이 같은 날로 겹치는 2가지 아파트 중 상대적으로 입지가치가 떨어지는 물건을 선택하는 것이다. 당첨 날짜가 같으면 중복해서 청약을 넣을 수 없다. 예를 들어 청약일이 다른 A단지, B단지, C단지가 있다고 가정해보자. 청약일이 달라도 당첨일이 같은 날이면 세 단지 중 한 단지만 선택해서 넣을 수 있다. 이러한 틈새를 잘 노리면 당첨 확률을 높일 수 있다. 왜냐하면 대다수의 사람이 '좋은' 곳에 청약을 넣기 때문이다. 좋고 나쁨은 상대적인 개념이다. 3개 단지가 모두 유망하더라도 이 중에서 우열은 나뉘기 마련이다. 그 안에서 인기가 덜한 단지는 경쟁률이 낮을 수밖에 없다. 즉 A단지, B단지의 입지가 탁월하면 C단지는 청약 당첨일이 같은 날이라는 이유 때문에 상대적으로 저평가될 수 있다. 나는 이러한 틈새를 이용해 C단지 비인기 타입에 청약을 넣었고, 그 결과 연이어 당첨될 수 있었다.

물론 성공한 사례만 밝혔기 때문에 청약 당첨이 굉장히 쉽고 운이 좋아 보일 수 있다. 청약에 당첨되기 위해 나와 아내는 조건만 맞으면 거의 모든 지역에 청약을 넣었다. 그만큼 낙첨도 많이 했다. 실패에도 아랑곳 않고 꾸준히 그리고 지속적으로 도전했기 때문에 운도 따라준 것이다. 물론 이렇게 꾸준히 도전하기 위해선 지역의 위치, 분양가, 평면도, 브랜드, 세대수만 봐도 투자가치가 있는지 없는지 판단할 수 있는 능력이 필요하다.

현실적으로 생전 처음 보는 지역에 청약을 넣을 수 있겠는가? 그 지역 시세 현황과 입지가치, 저평가 여부도 모른 채 되는 대로 청약을 넣을 수는 없다. 어느 정도 공부와 경험이 필요하단 뜻이다. 자신의 가점이나 자금 상황, 대출 가능 여부도 인지하지 못한 채 무조건 서울 핵심 지역 청약만 노린다면 백전백패일 것이다. 이처럼 운을 잘 활용하기 위해서는, 즉 좋은 결과를 거두기 위해서는 운이 작용할 가능성을 넓히는 전략이 필요하다. 어느 정도 공부를 하고 노력을 기울인 다음 운이 잘 작용하도록 유도해야지 100% 운에만 의존해선 안 된다.

특히 운이 작용하는 분야일수록 횟수를 늘리면 확률이 올라가기 마련이다. 개인적으로는 로또를 추천하지 않지만 로또도 자주 사야 당첨 확률이 올라가지 않겠는가? 청약도 마찬가지다. 운을 좋게 만들기 위해서는 다양한 선택을 할 수 있도록 스펙트럼을 넓혀 성공 확률을 높여야 한다.

태도가 운을 만든다

+ 운을 만드는 사람 vs. 운이 사라지는 사람

현재는 우리가 걸어온 과거의 총합이다. 과거의 선택과 운에 따라 당신의 현재가 가난할 수도, 부유할 수도 있다. 마찬가지로 현재의 선택과 운에 따라 당신의 미래가 달라진다. 성공을 위해서는 노력도 필요하지만 운의 중요성도 무시할 수 없다. 그런데 운은 항상 좋은 것도 아니고, 항상 나쁜 것도 아니다. 조금만 노력하면 얼마든지 들어올 수 있고 극대화할 수 있다. 반대로 조금만 방심하면 좋은 운도 금방 사라진다. 이번 장에서는 좋은 운을 키우고, 나쁜 운을 막는 방법에 대해 알아보겠다.

2명의 직원이 있다고 가정해보자. 한 명은 굉장히 똑똑하고 영민하지만 엄청난 구두쇠다. 밥을 먹고 계산할 때만 되면 혼자 화장실에 가거나 구두

끈을 묶는다. 일은 굉장히 잘하지만 어딘지 모르게 얄밉다. 또 쉽게 실언을 하고 다른 사람의 뒷담화를 서슴없이 일삼는다. 그에 반해 또 다른 직원은 일은 조금 서투르지만 정직하고 예의바르다. 같이 밥을 먹으면 밥값도 내려고 하고, 얻어먹더라도 진심으로 잘 먹었다고 감사 표현을 한다. 다른 직원과도 잘 지내고 항상 좋은 이야기만 내 귀에 들린다. 만약 당신이 직장 상사라면 둘 중 누구를 먼저 승진시키겠는가? 업무 능력에 큰 차이가 없다면 당연히 후자의 직원을 먼저 승진시키지 않겠는가? 이 이야기가 바로 운이 좋아지는 핵심 원리다.

운의 흐름은 나의 행동과 태도에 따라서 얼마든지 바뀔 수 있다. 상사 입장에서 생각해보자. 일단 베푸는 데 인색한 사람은 본인밖에 모른다는 뜻이다. 나중에 회사에 안 좋은 일이 생기면 언제라도 회사를 배신하거나 동료를 등질 수 있다. 또 누군가의 뒷담화를 한다는 건 상사인 나의 약점도 제3자에게 떠들 수 있다는 뜻이다. 내 등에 칼을 꽂을 수도 있는 그런 사람을 누가 옆에 두고 싶겠는가?

이에 반해 항상 정직하고 예의바른 직원은 같이 일하고 싶고 동료로 삼고 싶은 사람이다. 당장 일이 서툴러도 가르치면 그만이다. 회사 차원에서는 장기적으로 사람들과 잘 어울려서 단합에 해가 되지 않는 사람이 더 좋은 직원이다. 먼저 승진한 사람은 어쩌면 본인이 굉장히 운이 좋았다고 생각할 수도 있다. 또 승진하지 못한 사람은 운이 굉장히 나빴다고 생각할 수도 있다. 그러나 보다시피 운과 별개로 승진자는 어느 정도 정해진 수순에 따라 결정되었다.

물론 앞에서만 정의롭고 공정하게 행동하는 사람도 있다. 그런 사람은 잠깐은 승승장구해서 성공가도를 달릴지 모른다. 그러나 어느 순간 나락으로 떨어지곤 한다. 우리는 정치인, 연예인 등이 성추문이나 돈 문제로 하루아침에 무너지는 경우를 심심치 않게 목격한다. 손바닥으로 하늘을 가릴 수 없듯이 부적절한 행동이나 생각은 결국 본인의 목을 조르기 마련이다. 그렇기에 항상 조심하고 몸과 마음을 수련해야 한다.

사실 내가 느끼기에 성인과 일반인의 차이는 그렇게 크지 않다. 아니 차이가 클 수 없다. 사람은 그냥 사람일 뿐이다. 성인이라고 추앙받던 사람들도 행적을 따져보면 적지 않은 치부와 단점이 드러난다. 이 세상에 완벽한 사람이 어디 있겠는가? 이 책을 쓰는 나 역시 마찬가지다. 약하디 약한 인간일 뿐이다. 실수투성이의 인생을 살았고 그걸 깨달으면서 고쳐가려고 노력할 뿐이다. 불완전한 인간의 본성을 고치기란 쉽지 않다. 본성을 좀 더 이타적으로 발전시킬 때 우리의 운도 조금씩 좋아진다고 생각한다.

사람은 누구나 이기적이다. 그렇지 않은가? 태초부터 그랬다. 이기적이어야 굶지 않고 살아남을 수 있고, 이기적이어야 나의 유전자를 후대에 전달할 수 있다. 원시시대 때부터 뼈에 각인된 진리다. 그런데 당시에도 무리를 이끄는 리더는 존재했다. 본인만 아는 사람보다는 다른 사람을 배려하고 약자를 보호하는 사람이 무리로부터 존경받고 지도자로 추앙되었다. 아무리 강해도 이기적인 사람보다는 이타적인 사람이 집단의 이익에 더 보탬이 되지 않겠는가? 사실 운이라는 것도 결국 상호작용이다. 그렇기에 이타적인 사람이 이기적인 사람보다 더 복을 받을 확률이 높다.

본인이 여태껏 운이 나빴다면 과거를 돌아볼 필요가 있다. 다른 사람을 위해 이타적으로 살았는가? 아니면 본인만 보며 이기적으로 살았는가? 운은 타고나는 부분도 있지만 노력 여하에 따라 얼마든지 달라질 수 있다. 앞서 인간은 불완전하고 약한 존재라고 이야기했지만 본인이 느끼고 각성하면 얼마든지 변할 수 있는 가능성을 가진 것도 바로 인간이다. 나도 여러모로 부족하지만 이 원리를 깨닫고 가급적 많은 사람에게 좋은 기운을 전달하고자 노력하며 살고 있다. 좋은 기운을 전달하는 건 다른 사람을 위한 길이기도 하지만 나를 위한 길이기도 하다. 왜냐하면 많은 사람에게 좋은 영향을 주면서 나의 운도 상승하는 걸 느끼기 때문이다.

내가 다른 누군가에게 호의를 베풀면 언젠가 좋은 기운이 나에게 돌아오지 않겠는가? 꼭 무언가 대가를 원해서가 아닌, 선의에서 비롯된 호의를 베풀면 더 좋은 운이 들어온다. 메이저리거 오타니 쇼헤이는 출중한 야구 실력만큼 성실한 생활 태도로 유명한 선수다. 팬들 사이에서는 '쓰레기를 줍는 야구선수'로 알려졌을 정도다. 훈련 도중이라도 바닥에 떨어진 쓰레기를 보면 줍는다. 이에 대해 오타니는 "다른 사람이 무심코 버린 운을 줍는 겁니다"라고 설명했다. 그는 운을 전략적으로 활용하는 방법을 알고 이를 생활에 실천한 것이다.

작은 운을 모으고 모아 운의 흐름을 좋게 바꿔야 한다. 좋은 운을 만들기 위해 해야 하는 일은 어렵고 특별하지 않다. 이미 모두가 잘 아는 내용이다. 다른 사람 배려하기, 쓰레기를 함부로 버리지 않기, 상대방 존중하기, 뒷자리 정리하기, 인사 잘하기, 약한 사람 괴롭히지 않기, 거짓말하지 않기 등 초등학교 때부터 배우고 들은 이야기들이다. 운이 안 좋아지는 행동도 이미 충분히 알 만한 내용이다. 거짓말하기, 침 함부로 뱉기, 뒤에서 남 욕하기, 다리 떨기, 남 탓하기 등 빤한 내용들이다. 이런 나쁜 행동을 많이 하는 사람을 '재수없다'고 표현하는 이유를 이제 이해하겠는가? 운이 떨어져서 재수가 점점 없어진다는 표현을 쓰는 것이다.

이 빤한 내용을 지키느냐, 어기느냐에 따라 운이 달라진다. 부디 많은 사람이 이 책을 읽고 운수가 좋아지길 바란다.

만나는 사람이 운명을 바꾼다

+ 만고의 진리, 맹모삼천지교

운을 좋게 하기 위해서는 좋은 사람을 만나야 한다. 당연한 이야기 같지만 사실 지키기 굉장히 힘들다. '맹모삼천지교(孟母三遷之敎)'라는 말이 있다. 맹자의 어머니도 맹자가 더 좋은 교육환경에서 교육받기를 원해 자주 이사를 다녔다는 뜻이다. 좋은 학군을 찾아가는 것도 사실 더 좋은 사람들이 있는 데 가기 위함이다. 이왕이면 더 공부를 열심히 하고, 더 착하고 바른 친구들이 많은 곳에 우리 아이를 데려가기 위해서다. 그런 아이들과 영향을 주고받으며 자라면 공부를 잘하든 못하든 적어도 인성만큼은 바르게 자랄 것이다.

실제로 좋은 사람을 만나서 운명이 바뀌기도 하고, 악연을 만나서 인생이 꼬이는 경우가 주변에 굉장히 많다. 좋은 배우자를 만나서 행복하고 부유하게 사는 경우도 있는 반면, 서로 이혼을 하고 철천지원수로 남는 경우도 있다. 사람들이 결혼 전에 무속인을 찾아가 궁합을 보고 자문을 구하는 이유도 이 때문이다. 직장에 다니는 경우에는 대부분 업무보다 사람이 스트레스라고 이야기한다. 상사, 부하직원, 동료, 거래처 직원, 고객 등에게 받는 스트레스, 즉 관계에서 오는 스트레스가 그만큼 크다는 뜻이다.

이처럼 관계에 따라서 좋은 운이 오기도 하고 나쁜 운이 오기도 한다. 더 나아가 나의 인생과 상대방의 인생이 바뀌기도 한다. 인간관계의 중요성에 대해 모르는 사람은 없겠지만 많은 사람이 타인과의 관계에서 중심을 잡는 데 어려움을 느낀다. 또 어떤 사람이 나에게 좋은 운을 불러올지, 어떤 사람이 나에게 나쁜 운을 불러올지 명확히 알 방법이 없다. 나도 마찬가지다. 잘못 들어간 직장에서 상사 때문에 굉장히 힘든 시절이 있었고, 잘못 사귄 친구 때문에 고단한 학창시절을 보내기도 했다. 만약 사람 보는 눈을 키워 만나야 할 사람과 만나지 말아야 할 사람만 잘 분간한다면 최소한 나쁜 운을 부르는 일은 없을 것이다.

누구에게나 귀인을 만나서 인생이 환하게 빛날 기회가 살면서 한 번은 반드시 온다. 우리가 만나야 할 귀인이란 누구이며, 어떤 사람을 귀인이라고 부를 수 있을까? 귀인을 한마디로 정의하면 '좋은 습관이 많은 사람'이다. 좋은 습관이란 무엇인가? 약속을 잘 지키고, 다른 사람 말을 경청하고, 식사 예절을 잘 지키고, 항상 미소를 잃지 않고, 긍정적이고, 말과 행동이 일치하고, 생각이 깊고, 약자를 돌보고, 불의를 참지 않는 사람이 좋은 습관이 많은 사람이다. 만약 주변에 떠오르는 사람이 1~2명이라도 있다면 좋은 인간관계를 맺고 있다고 볼 수 있다. 하지만 아무리 떠올려도 이런 귀인이라고 할 만한 사람이 없다면 관계를 개선하고 사람을 가려 사귀는 노력이 필요하다.

귀인은 알게 모르게 주변 사람을 긍정적으로 발전시킨다. 반면 악인은 주변 사람을 부정적이고 안 좋은 방향으로 이끈다. 귀인은 옆에 있는 것만으로도 힘이 되고 위안이 되므로 아주 가깝게 지내야 한다. 외모도 중요하다. 여기서 말하는 외모란 잘생기고 못생기고를 말하는 것이 아니다. 밝고 환한 표정과 깔끔한 외양을 의미한다. 외모지상주의자는 아니지만 좋은 운을 불러들이는 데 있어서 외양과 태도가 굉장히 중요한 부분을 차지한다고 생각한다. 만약 여러분이 어떤 음식점에 들어갔다고 가정해보자. 종업원이 환하게 웃으며 반갑게 맞이한다면 여러분의 기분도 같이 좋아질 것이다. 하지만 종업원이 인상을 쓰면서 자기 할 일만 한다면 기분이 별로 좋지 않을 것이다. 그만큼 좋은 인상과 환한 미소도 좋은 기운을 불러들이는 데 한몫한다.

외모가 뛰어나지 않더라도 주변 사람들을 미소 짓게 할 수 있는 방법은 많다. 위험에 빠진 사람을 구하기 위해 위험을 무릅쓰고 뛰어들어 사람을 구한 의인의 이야기는 좋은 귀감이 된다. 평생 김밥을 팔아서 모은 돈을 학생들 공부에 쓰라며 장학금으로 기부한 할머니의 주름이 어찌 아름답지 않을 수 있겠는가? 직접적으로 도움을 받지 않더라도 이런 사람들의 미담만 들어도 사회 전체가 훈훈해진다. 이런 귀인이 주변에 많다면 운이 좋아질 수밖에 없지 않겠는가?

문제는 거짓된 사람들이 귀인인 척 행동을 하는 것이다. 그러한 사실을 파악하지 못하고 악인을 귀인이라고 믿는 사람이 의외로 많다. 조금만 주의를 기울여 잘 관찰하면 누가 귀인인지 바로 판단할 수 있다. 귀인은 사소한 말과 행동이 일치하지만, 악인은 그렇지 않다. 말은 번지르르하게 잘하지만 행동이 따라오지 못한다. 따라서 귀인인지 악인인지 구분하고 싶다면 상대방의 말과 행동이 일치하는지 잘 살펴보면 된다. 처음에는 좋게 보여도 거짓과 위선이 심한 사람은 시간이 갈수록 고개를 갸우뚱하게 만든다. 이런 사람을 거를 수 있는 판단력, 즉 사람 보는 눈만 있다면 악인을 쉽게 찾아낼 수 있다.

사람 보는 눈은 한순간에 생기는 건 아니고 꾸준한 관찰과 연습이 필요하다. 요령이 없다면 꾸준히 그 사람의 말과 행동이 일치하는지 지켜보는 수밖에 없다. 그래서 아무런 근거 없이 단기간에 누군가를 철석같이 믿는 건 어리석은 일이다. 찬찬히 긴 시간을 들여 상대를 관찰한 다음 믿고 어울려도 늦지 않다. 나 또한 아직 사람 보는 눈이 부족해서 가끔 실수를 하는 경우가 있다. 열 길 물 속은 알아도 한 길 사람 속은 모른다는 선인의 가르침을 가슴 깊이 새길 필요가 있다. 그만큼 사람 보는 눈을 기르기가 힘들다는 말이다.

좋은 운을 불러일으키기 위해서는 앞으로 나아가야 한다. 많은 사람과 만나고 어울려야 좋은 운을 불러올 수 있다. 사실 모든 일의 시작과 끝은 사람이다. 그렇지 않은가? 사업의 성패도 좋은 사람을 만나느냐, 못 만나느냐에 달려 있다. 집 인테리어도 좋은 업자를 만나면 술술 풀린다. 결혼생활이 불행하다면 사람을 잘못 만났기 때문이고, 직장 내 갈등도 모두 사람에서 비롯된다. '진인사대천명(盡人事待天命)'이라 했다. 인간으로서 해야 할 일을 다하고 나서 하늘의 뜻을 기다려야 한다. 내가 만나는 사람에 따라서 나의 운도 달라지기 때문에 가급적 내 주위를 좋은 사람들로 채워야 한다.

인간관계는 원래 잡초 속에 계속해서 좋은 꽃을 심는 과정이라고 보면 된다. 잡초는 솎아내고 향기나는 꽃들로 주변을 채운다면 반드시 운도 좋아진다. 좋은 사람이 옆에 있으면 알게 모르게 그 사람의 장점을 배우고 깨닫게 된다. 나쁜 버릇이 많은 사람이 주변에 있으면 나도 모르게 나쁜 버릇을 닮아가면서 있던 운도 잃어버린다.

혹시 아무리 노력해도 주변에 귀인이 될 만한 사람이 없다면 내가 좋은 방법을 알려주겠다. 조금만 노력하면 누구나 쉽게 귀인의 얼굴을 볼 수 있다. 바로 유튜브다. 유튜브를 통해 여러분이 그토록 찾던 귀인과 얼마든지 만날 수 있다. 국내에 사는 귀인뿐만 아니라 잘 번역된 자막을 통해 외국에 사는 귀인과도 만날 수 있다. 투자에 있어서는 워런 버핏이나 피터 린치와 같은 귀인도 쉽게 접할 수 있고, 로버트 기요사키처럼 경제와 자본주의에 대해 가르침을 주는 귀인도 만날 수 있다. 무엇보다 유튜브는 무료다. 돈 한 푼 안 들이고 귀인과 얼마든지 만날 수 있다.

물론 유튜브에도 귀인인 척하는 악인은 존재한다. 안타까운 건 나의 눈에는 악인인 게 빤히 보이는데 많은 사람이 그런 부분을 눈치 채지 못하고

속고 있다는 것이다. 내가 보기에 정말 말도 안 되는 껍데기만 남아 있는 채널임에도 수십만 명에 달하는 구독자를 보유한 걸 보면 안타까운 마음이 든다. 그만큼 세상에는 무지하고 어리석은 사람이 많다는 걸 방증한다. 만약 그러한 유튜버를 귀인처럼 여기며 계속 시청한다면 삶이 나아지기는커녕 상황만 더 악화될 수 있다. 조언을 가장한 거짓 선동에 당할 수 있기 때문이다.

나 또한 살면서 수많은 귀인과 만났다. 나에게 상담을 받으러 오시는 분들이 나에게는 귀인이다. 회원제로 운영하다 보니 4~5년 이상 꾸준히 소통하는 분들도 계신다. 처음에는 내가 자문을 드렸지만 요즘엔 힘들 때 오히려 나를 응원하고 후원해주신다. 스스럼없이 통화하며 친밀하게 지내다 보니 인생에서 힘들고 중요한 순간들이 있을 때 그들에게 먼저 자문을 구하기도 한다. 최근에 '건물주마블'이라는 교육용 보드게임을 만들었을 때도 많은 회원께서 물심양면 도와주셨다. 이 자리를 빌려 감사의 인사를 전한다.

운을 부르는
5가지 법칙

+ 운을 좋게 만드는 방법

　내가 살아오면서 깨달은 운이 좋아지는 5가지 법칙에 대해 이야기해보려고 한다. 주관적인 생각이기 때문에 과학적이지는 않지만 나름의 경험을 통해서 깨달은 점이니 참고하기 바란다. 이런 생각은 내 고유한 주장도 아닐 뿐더러 운을 소재로 한 여러 칼럼과 책에서 이미 소개된 바 있다. 예를 들어 컬럼비아대학교 경영대학원 마이클 모부신 교수는 강연과 저서를 통해 성공 가능성을 높이기 위해서는 '운에 맡기는' 대신 '운을 다뤄야' 한다고 강조한 바 있다. 이번 챕터에서는 왜 특정 행동이 운을 좋게 만드는지 소개하고 내 주관적인 견해를 덧붙였다. 원리를 이해할 수 있도록 내 방식대로 쉽게 풀어서 소개하겠다.

1. 감사하는 마음 갖기

운을 좋게 만드는 첫 번째 법칙은 항상 감사하는 마음을 갖는 것이다. 똑같은 일을 겪어도 사람에 따라 감사하는 마음의 크기는 다르다. 누군가에게 똑같은 호의를 받아도 진심으로 감사해하는 사람이 있는 반면, 크게 감사해하지 않는 사람도 있다. 만약 여러분이 똑같은 호의를 베풀었는데 한 명은 굉장히 고마워하고, 다른 한 명은 별 감흥을 안 보인다고 가정해보자. 다음에 또 호의를 제공해야 한다면 누구를 찾아가겠는가? 당연히 감사하게 생각하는 사람에게 호의를 베풀 것이다.

사람은 누구나 다 똑같다. 항상 감사하는 마음으로 겸손하게 사는 사람은 좋은 일이 생길 때마다 운이 좋다고 생각하겠지만, 사실 그러한 운을 만든 건 바로 자기 자신이다. 반면 감사할 줄 모르는 사람은 안 좋은 일이 있을 때마다 운을 탓하겠지만, 이 역시 대개는 본인이 자초한 일이다.

감사하는 마음은 다른 사람에게도 전파되어 더 큰 운으로 작용한다. 무엇보다 자신의 삶도 윤택해진다. 항상 감사하고 긍정적으로 생각하는 사람은 인생에 대한 만족도도 높고 웃을 일이 끊이질 않는다. '웃으면 복이 온다'는 말에 대해 생각해보자. 말 그대로 웃는 게 좋은 운을 불러일으킨다는 뜻이다. 그렇지 않겠는가? 만약 여러분이 직장 상사라면 항상 긍정적인 직원과 매사 인상을 찌푸리고 있는 직원 중 어떤 직원에게 좋은 기회와 일감을 제공하겠는가? 부정적이고 우울한 마음은 정신건강에도 좋지 않다. 그래서 감사할 줄 아는 사람은 우울증과도 거리가 멀다.

2. 밖으로 나가기

　우울증을 극복하고 더불어 좋은 운을 불러일으킬 수 있는 두 번째 방법은 밖으로 나가는 것이다. 밖으로 나가라는 말은 새로운 곳에서 새로운 사람들과 교류해보라는 뜻이다. 새로운 곳에서 새로운 사람들과 교류하다 보면 좋은 운도 따라올 뿐더러 기분도 좋아진다. 사람들이 여행을 좋아하고 자주 가는 이유도 새로운 곳에서 맛있는 음식을 먹고 전에는 해보지 못한 색다른 경험을 해보기 위해서다. 새로운 무언가를 경험하고 외연을 넓히면 삶도 풍요로워지고 정신건강에도 많은 도움이 된다. 특히 여행에서 만난 인연이 새로운 운을 불러일으키는 경우도 있다.

　밖에 나가야 운이 좋아진다는 말은 어쩌면 너무나 당연한 이야기다. 집에만 있으면 좋은 기회나 운이 올 수 있겠는가? 우울증 걸리기 딱 좋다. 많은 사람과 만나고 교류해야 정신건강에도 좋고 본인이 잘 모르는 분야에 대한 이야기나 정보도 쉽게 들을 수 있다. 정보와 인맥을 통해 투자 기회나 사업 기회도 포착할 수 있다. 집에만 하루 종일 있는데 어떻게 좋은 정보를 얻고 좋은 인맥을 형성할 수 있겠는가? 따라서 운이 좋아지려면 일단 밖으로 나가야 한다.

　물론 모든 사람이 운에 도움이 되는 것은 아니다. 만나는 사람 중에 사기꾼도 있을 수 있고 운을 갉아먹는 사람도 분명 존재한다. 이런 사람은 잘 솎아내면 그만이다. 나쁜 인연은 솎아내고, 좋은 인연은 잘 유지하면서 그렇게 운을 키우면 된다. 사기꾼을 만날까 두려워서 밖에 나가지 않고 집에만 있으면 절대 좋은 기운을 불러일으킬 수 없다.

3. 침묵은 금

셋째, 너무 많은 말을 하면 운이 달아난다. 운을 좋게 하기 위해서는 두 번 듣고 한 번 말해야 한다. 말을 많이 하는 사람치고 말실수로 곤욕을 안 치르는 사람이 드물다. 말을 많이 하다 보면 불필요한 구설수에 오를 수 있고 잦은 말실수로 신뢰를 형성하기 어렵다. 생각해보자. 만약 여러분이 어떤 일을 맡겨야 한다면 말이 많아서 자주 실수하는 사람에게 맡기겠는가, 아니면 말수가 적고 듬직한 사람에게 맡기겠는가?

친구와 만난다고 가정해보자. 한 명은 만나자마자 시시콜콜한 본인 시댁, 남편, 자녀 이야기를 늘어놓느라 정신이 없고, 한 명은 당신의 말에 귀 기울여주고 적절히 맞장구도 치고 뼈 있는 조언도 부담 없이 건넨다. 당신은 누구와 시간을 보내고 싶은가? 내가 만나고 싶고 이야기하고 싶은 친구는 다른 사람에게도 그런 좋은 친구이자 동료일 것이다. 마찬가지로 내가 만나기 싫은 친구는 역시 다른 사람에게도 그런 싫은 친구이자 동료일 것이다.

만일 당신이 타인에게 있어 만나고 싶은 사람, 좋은 동료라면 당연히 주변에 사람이 늘어날 것이다. 사람이 늘어나고 좋은 관계가 쌓이면 자연스럽게 운도 좋아진다. 반면 당신이 타인에게 있어 만나기 싫은 사람, 나쁜 동료라면 주변에 좋지 않은 사람만 남게 될 것이다. 그러면 있던 운도 달아난다.

어떻게 보면 운 관리란 자기 관리와 크게 다르지 않다. 운 관리라고 해서 특별한 게 아니다. 여러 자기계발서에서 언급된 보편적인 견해대로 나 자신을 가꾸고 좋은 사람이 되기 위해 정진하면 된다. 주변에 좋은 사람들로 가득하기를 원한다면 말하기 전에 한 번 삼키고, 두 번 듣고 한 번 말하는 연습이 필요하다.

4. 원한을 사지 말자

운이 좋아지는 네 번째 법칙은 절대 다른 사람에게 원한을 사지 않는 것이다. 특히 가급적 송사에 휘말리면 안 된다. 다른 사람에게 피해를 입히는 삶을 살면 본인도 굉장한 스트레스를 받는다. 사형을 집행하는 사형수나 가축을 잡는 백정 또한 아무나 할 수 있는 일이 아니다. 스트레스의 강도야 사람마다 차이가 있겠지만 전혀 스트레스가 없을 수는 없다. 사기꾼도 마찬가지다. 사기를 쳐서 다른 사람 눈에 피눈물을 흘리게 만드는 삶이 과연 행복할까?

거짓말을 하거나 남을 속이는 사람을 잘 관찰해보면 정신적인 문제를 지녔거나 혹은 특정한 몸짓으로 그 징후를 보이는 경우가 많다. 한쪽 눈을 계속 깜박이거나, 사람을 똑바로 쳐다보지 못하거나, 대화 중에 심하게 다리를 떠는 행위 등 거짓말에 대한 정신적인 스트레스가 은연중에 행동으로 나온다. 따라서 그 사람의 말투, 표정, 눈빛만 잘 관찰해도 사기꾼을 구별할 수 있다. 적어도 상대가 진심인지 아닌지 정도는 파악할 수 있다.

무엇보다 다른 사람에게 안 좋은 영향을 끼치면 그 화가 자기 자신에게 돌아온다. 본인이 저지른 과오는 반드시 악운으로 돌아온다. 원수는 외나무다리에서 만난다는 말이 있다. 학창시절 나를 괴롭힌 친구가 유명한 연예인이 되어 화려한 삶을 산다면 피해자인 나는 기분이 어떨까? 어떻게든 그 친구를 끌어내리고 싶지 않겠는가? 과거의 행동 때문에 구설수에 오르고 결국 연예계를 은퇴한 연예인의 사례는 과오가 업보로 돌아온 예다. 좋은 운을 유지하고 키우기 위해서는 다른 사람에게 도움이 되는 삶을 살아야 한다. 도움은 못 될망정 해를 입혀 원한을 사서는 안 된다.

5. 귀인이 되어라

운이 좋아지는 가장 핵심적인 전략은 바로 본인이 귀인이 되는 것이다. 우리는 누구나 귀인을 만나고 싶다. 그러나 귀인과 만나는 건 쉽지 않을 뿐더러 만났다 해도 관계를 유지하기 어렵다. 사람은 상호적이기 때문에 대등한 관계가 아니면 긍정적인 관계를 유지하기 힘들기 때문이다.

만약 여러분이 엄청난 성공을 거둬 대기업 회장이 되었다고 가정해보자. 일분일초의 가치가 몇천만 원, 몇억 원인 당신을 만나기 위해 어느 날 초등학교 동창이 찾아왔다. 처음에는 호기심에 한 번 만날 수 있겠지만 나와는 너무나 다른 삶을 살고 있고, 삶에 대한 태도도 다르고, 배울 점이나 존경할 만한 구석이 하나도 없다면 계속 관계를 유지할 수 있을까? 아마 다시는 만나고 싶지 않을 것이다. 하지만 그 초등학교 동창이 비록 가난할지라도 굉장히 긍정적이고 현명하고 무엇보다 내 말에 진심으로 귀 기울여주고 긍정적인 기운을 불어넣어 준다면 계속 관계를 유지할 것이다. 어쩌면 서로가 서로에게 귀인이 될 수도 있다.

손정의 소프트뱅크 회장은 16살 때 당돌하게도 유명 기업 비서실에 직접 전화를 걸어 경영자에게 면담을 요청했다. 꿈 많은 빈민촌 출신 소년의 갑작스런 요청에 경영자는 흔쾌히 응했고 15분간 면담을 하며 많은 조언을 받았다고 한다. 아마 행색은 남루했겠지만 어린 손정의가 귀인이라는 걸 경영자도 분명 알아챘을 것이다. 어린 손정의에게 조언을 해준 경영자는 누구였을까? 바로 후지타 덴 맥도날드재팬의 창업자다.

귀인이 되는 방법은 앞서도 소개했다. 다른 사람 배려하기, 쓰레기를 함부로 버리지 않기, 상대방 존중하기, 뒷자리 정리하기, 인사 잘하기, 약한 사람 괴롭히지 않기, 거짓말하지 않기 등 좋은 습관을 가진 사람이 바로 귀인이다. 귀인은 본인도 타인에게 도움을 주지만 주변에서도 도움의 손길이 끊이질 않는다. 만약 생각만 해도 도와주고 싶은 사람이 떠오른다면 어쩌면 그 사람이 귀인일 수 있다. 여러분이 그런 귀인이 된다면 자연스럽게 많은 사람과 좋은 관계를 맺을 것이다. 하지만 나쁜 습관을 버리는 건 쉬운 일이 아니다. 백해무익한 담배를 끊는 것도 얼마나 어려운 일인가? 머리로는 충분히 이해해도 막상 실천하기가 쉽지 않다. 그럼에도 좋은 운을 만들고 본인의 인생을 바꾸고 싶다면 노력하고 실천해야 한다.

8장
이 돈으로 뭘 살 수 있나요?:
시크릿 Q&A ①

"강세장은 비관 속에서 태어나, 회의 속에서 자라며,
낙관 속에서 성숙해, 행복 속에서 죽는다."
_존 템플턴

일러두기
8~9장은 'BOODING+'에서 집필한 칼럼을 인용했습니다. 읽는 이의 적절한 투자 판단에 도움이 되고자 실제 컨설팅 사례를 수록했습니다. 시기와 시장 상황, 개인의 여건에 따라 투자 방법은 달라질 수 있으니 참고 바랍니다.

양도세를 감수하고
지금 사는 게 맞을까요?

날짜	2021년 7월
가족구성원	남편, 아내, 8세 자녀
현 거주지	경기도 화성시 동탄 소재 아파트(전세 1억 8천만 원)
순자본	대출 2억 5천만 원(전세금 1억 8천만 원+현금 7천만 원), 주택담보대출 및 분양대금 2억 6천만 원
월수입	1천만~1,200만 원
허용 가능한 원리금 상환액	월 500만 원
현 주택수	1주택
선호 지역	경기도 성남시 분당구
우선순위	학군 〉 환경 〉 투자 〉 상권 〉 교통

Q. 하반기에 경기도 화성시 동탄에 분양받은 새 아파트(동탄호수우남더 테라스)로 입주할 예정입니다. 새 아파트는 전매제한 없고 등기 후 매 도 가능합니다(단 세법 개정으로 1년 미만 보유 시 양도세율 70% 내외). 새 아파트의 분양가는 5억 2천만 원이었으나 현재 8억~9억 원 내외 로 시세가 형성되어 있습니다(주택담보대출 및 분양대금은 2억 6천만 원 갚았고, 2억 6천만 원 남았습니다). 초등학교 저학년 자녀의 학업 문 제 때문에 경기도 성남시 분당구 이사를 고려하고 있어요. 분당구 아 파트가 현재 저평가라는 생각이 강해 높은 양도세를 물고서라도 현 주택을 매도한 후 이사하는 게 낫지 않나 싶습니다. 현재 매수 검토한 아파트는 이매한신(25평, 11억 5천만 원)입니다. 양도세를 감수하고 지금 사는 게 맞을까요?

A. 우선 신규 분양받은 아파트에 입주하신다니 축하합니다. 분양가보 다 많이 올라서 더 좋으실 것 같아요. 당장 갈아타자니 양도세를 최대 70%까지 낼 수 있기 때문에 고민이 많으실 겁니다. 1년이 지나지 않 은 상태에서 4억 원 정도 시세차익을 볼 경우 대략 2억 8천만 원에 달 하는 세금을 내야 합니다. 하지만 2년 거주하고 팔면 1가구 2주택 전 략으로 9억 원까지 전액 비과세되기 때문에 세금을 한 푼도 안 낼 수 있습니다(2021년 12월 8일부터 비과세 한도 9억 원에서 12억 원으로 상 향). 당연히 동탄호수우남더테라스에 입주해서 2년 거주 후 매도를 고 려하는 게 낫다고 생각합니다.

동탄신도시는 GTX-A가 완공되면 강남과의 접근성이 굉장히 좋아질 것입니다. 즉 집값도 더 오를 여지가 있습니다. 최근 트렌드도 구축 아파트보다는 신축 아파트를 더 선호하기 때문에 세금을 떠나서라도 이매한신보다 동탄호수우남더테라스가 더 빠르게 오를 수 있습니다. 비과세 요건을 갖춘 뒤에 분당으로 옮길지, 아니면 다른 학군지로 옮길지 고민해도 늦지 않다고 생각합니다. 다행히 자녀가 아직 초등학교 저학년이기 때문에 시간이 있다고 생각합니다.

아파트 vs. 오피스텔, 고민이 깊습니다

날짜	2021년 7월
가족구성원	예비신랑, 예비신부
현 거주지	서울시 노원구 소재 아파트(3억 3천만 원)
순자본	7천만 원(현금 5천만 원+청약통장 700만 원+주식 1,300만 원), 신용대출 3,200만 원
월수입	670만~920만 원
허용 가능한 원리금 상환액	월 330만 원
현 주택수	1주택
선호 지역	충북 청주시 오창읍 또는 세종시
우선순위	투자 〉 학군 〉 상권 〉 교통 〉 환경

Q. 예비신랑은 오창에서, 예비신부인 저는 서울에서 근무 중입니다. 예비신랑은 6년 전 부모로부터 노원구 소재 아파트를 증여받았습니다. 예비신랑이 최근 오창 발령으로 원룸(월세)에서 지내고 있는데요. 주말부부로 지낼 수는 없기에 함께 지방으로 내려가는 걸 고려하는 상황입니다. 이에 나중을 생각해 오창에서 가까운 지역의 전세 낀 주택을 미리 매수할지 고민 중입니다. 오창에서 당장 머물 만한 저렴한 오피스텔을 매수하는 것도 하나의 옵션이고요. 현재 노원구 아파트는 재건축 이슈로 당장 처분이 곤란한 상황입니다. 충청 지역이 수요보다 공급이 많아 집값 하락 우려가 있다는 이야기도 있고, 그럼에도 수요가 늘고 있다는 장밋빛 전망도 있어 고민이 깊습니다. 미래를 생각해 오창 인근 주택을 매수하는 게 나을지, 수익성은 낮으나 저렴한 오피스텔을 매수하는 게 나을지, 아니면 현재의 원룸(월세)에서 거주하며 잠시 결정을 보류하는 게 나을지 궁금합니다.

A. 예비신랑이라 표현하는 걸 보니 아직 혼인신고가 되어 있지 않군요. 따라서 예비신랑 명의의 서울 노원구 아파트와 별도로 예비신부 명의로 주택을 사면 절세 면에서 유리합니다. 혼인으로 인한 일시적 1가구 2주택 혜택뿐만 아니라, 취득세도 2주택 취득세(8%)가 아닌 1주택 취득세(1~3%)만 낼 수 있기 때문입니다.

아파트와 오피스텔을 두고 고민 중인 것 같은데, 이 경우 무조건 아파트를 사는 게 유리합니다. 왜냐하면 아파트는 혼인으로 인한 일시적

1가구 2주택 비과세 혜택을 받을 수 있을 뿐만 아니라, 예비신부 명의로 주택을 취득하면 취득세도 1주택 취득세(1~3%)만 내기 때문입니다. 더군다나 6년 전 증여받은 서울 집은 거주 의무도 없습니다. 따라서 증여받은 집은 1주택 비과세로 팔고, 청주 아파트를 매입해서 2년 거주기간을 채울 경우 노원구 아파트뿐만 아니라 청주 아파트까지 비과세가 가능합니다. 다만 혼인으로 인한 일시적 1가구 2주택의 경우 혼인신고 후 5년 이내에 주택 한 채는 반드시 매도해야 하기 때문에, 이왕이면 서울 집보다는 청주 오창 집을 먼저 매도하는 게 유리할 수 있습니다.

지금 갖고 있는 자금으로는 세종시는 어려워 보입니다. 청주 오창 쪽에 실거주할 소형 아파트를 사는 게 형편에 더 맞다고 봅니다. 청주는 최근 방사광가속기 호재로 집값이 많이 올랐지만 그래도 여전히 다른 지역에 비해 상승폭이 더딥니다. 따라서 청주 오창에 실거주할 아파트를 사거나, 자금이 팍팍하다면 우선 전세를 끼고 매입한 다음 2년 뒤 입주하면 좋을 것 같습니다. 입주해서 혼인신고 후 5년 이내에 2년 거주한 청주 집을 비과세 혜택을 받고 파는 전략으로 접근하는 게 유리해 보입니다. 그다음 남은 서울 노원구 집을 1주택 비과세로 팔아 상급지로 갈아타는 전략을 추천합니다.

목동 빌라,
파는 게 좋을까요?

날짜	2021년 7월
가족구성원	30대 아들, 60대 아버지, 60대 어머니
현 거주지	서울시 양천구 목동 소재 빌라(3억 5천만 원)
순자본	현금 2억 원, 주택담보대출 1억 5천만 원
월수입	500만 원
허용 가능한 원리금 상환액	월 100만 원
현 주택수	1주택
선호 지역	서울 또는 서울과 접근성이 좋은 곳
우선순위	교통 〉 투자 〉 환경 〉 상권 〉 학군

Q. 부모님이 현재 보유하고 있는 목동 소재 빌라를 매도해 투자가치가 높을 것으로 예상되는 아파트로 갈아타야 할지 고민입니다. 최근 몇 년간 아파트 값은 급등했지만 빌라는 상대적으로 오르지 않아 단기적으로 빌라 가격이 오르지 않을까 막연한 기대감은 있습니다. 다만 현재 부모님이 보유한 빌라가 전통시장과 인접해 있고 노후도도 충족되지 않아 재개발은 요원한 상태입니다. 갈아탈 시 소득이 많지 않아 경기도 외곽으로 나가야 할 것 같은데요. 이 경우 서울과의 접근성을 포기하는 대신 향후 투자가치가 높은 지역을 사야 할까요? 아니면 생활환경이 좋은 지역을 고려해야 할까요?

A. 부모님과 같이 거주하시는군요. 목동은 5호선과 9호선이 있어 교통이 편리하고 학군이 우수한 지역입니다. 다만 빌라는 상대적으로 가격이 많이 오르지도 않고 매매가 쉽지 않은 게 사실입니다. 물론 재개발이 될 수 있는 곳은 예외입니다. 지금 시점에서는 재개발 가능성이 낮기 때문에 팔고 다른 지역의 아파트를 사는 걸 추천합니다.

다만 갖고 있는 현금으로는 서울 나홀로 아파트도 사기 힘든 상황입니다. 따라서 수도권으로 눈을 돌릴 필요가 있습니다. 목동에서 비교적 가까운 김포 한강신도시가 적당할 것 같습니다. 물론 김포도 최근에 많이 오른 상황입니다. 그래도 잘 찾아보면 3억~4억 원대 아파트가 남아 있습니다. 이런 지역을 대출을 받아 산 다음 실거주하기 바랍니다. 추후 상급지로 갈아타기 위해서는 1주택만으로는 어렵습니다.

실거주로 한강신도시 집을 매입하고, 추가로 지방 아파트 분양권을 사는 방식을 추천합니다.

지방에는 아직도 분양가 2억~3억 원대 아파트가 있습니다. 이런 아파트는 초기 프리미엄을 주더라도 2천만~3천만 원으로도 매수가 가능합니다. 중도금은 대출이 나오고 잔금은 향후 전세를 놓아서 맞출 수 있습니다. 즉 실투자금이 아주 적게 드는 투자처입니다.

만약 부모와 세대분리가 가능하다면 지방 분양권은 아드님 명의로 사세요. 부모님과 자녀 모두 각각 1주택 비과세 혜택을 받을 수 있습니다. 특히 지방 신규 아파트는 2년 거주가 아닌 2년 보유만 하더라도 비과세 혜택을 받을 수 있습니다. 추후 두 아파트를 매각해서 얻은 차익을 합해 더 좋은 지역의 아파트를 사는 전략을 추천합니다.

시장이 불안한데
내 집 마련을 미룰까요?

날짜	2021년 8월
가족구성원	남편, 아내
현 거주지	경기도 용인시 기흥구 소재 아파트(전세 5억 2천만 원)
순자본	5억 원(전세금 여분 4억 원+현금 1억 원)
월수입	760만~800만 원
허용 가능한 원리금 상환액	월 350만 원
현 주택수	무주택
선호 지역	경기도 용인시 기흥구 또는 경기도 성남시 분당구
우선순위	교통 〉 상권 〉 투자 〉 환경 〉 학군

Q. 2020년 10월부터 현 전셋집에서 거주하고 있습니다. 전세계약 만기 전에라도 퇴거해서 내 집 마련을 하려 하는데요. 기흥구와 분당구 소재 30평대 10억 원 내외 아파트를 찾고 있습니다. 다만 금리 인상을 비롯해 부동산 시장의 분위기가 좋은 것 같지 않아 매수가 고민됩니다. 이 시기에 집을 사도 될지 궁금합니다.

A. 전세금을 빼고 대출을 더해 내 집 마련을 하고 싶은 것 같습니다. 내 집 마련은 빠르면 빠를수록 좋습니다. 다만 수도권 가격이 많이 올랐기 때문에 무리해서 대출을 받으면 하우스푸어가 될 수 있습니다. 대출을 받아서 10억 원짜리 아파트를 사는 건 다소 무리가 있어 보입니다. 만약 5억 원을 3%로 빌린다면 이자만 대략 월 125만 원 정도입니다. 추후 원금과 같이 상환하면 가계에 큰 부담이 될 수 있습니다. 지금은 맞벌이라 소득이 월 760만~800만 원 정도지만 아이가 생기거나 외벌이가 될 경우 소득이 절반으로 줄 수 있습니다. 이렇게 소득이 줄면 무리한 대출로 인한 원금과 이자 상환이 발목을 잡을지 모릅니다.

경기 침체에 빠지면 대출을 감당하지 못하고 주택을 헐값에 파는 경우가 생깁니다. 지적한 대로 금리가 오르는 상황에서 대출을 받기란 굉장히 부담스럽죠. 그렇다고 집을 안 사고 가만히 있는 것도 좋은 방법은 아니고요. 제가 생각할 때 현 자산과 수입으로 봐서 적정 대출 규모는 3억 원 내외입니다. 3억 원에 대한 이자는 3%로 빌릴 경우 월 75만 원 정도입니다. 즉 3억 원 정도 대출을 받아서 8억 원짜리 전용면적 85m² 아파트를 사면 큰 부담도 없고, 경기 침체기에도 버티기가 수월할 것입니다. 제가 추천하는 단지는 기흥구 보정동에 위치한 연원마을 성원아파트입니다. 30평대가 8억 원이면 매입 가능합니다.

연원마을 성원아파트는 691세대, 총 16동입니다. 2000년 11월 준공되었고 면적은 분양면적 기준 107.4~195.41m² 중대형 면적으로 구성되어 있습니다. 초등학교도 바로 옆에 있어서 자녀가 안전하게 통학할 수 있습니다. 무엇보다 GTX가 다니는 구성역을 도보로 이용할 수 있어 교통이 획기적으로 변하는 지역입니다. 구성역 건너편으로 용인 플랫폼시티도 조성될 예정이기 때문에 추후 연원마을 성원아파트에 거주하면서 용인 플랫폼시티 아파트 분양을 노리는 전략도 추천합니다.

실거주할 내 집은 경기와 상관없이 무조건 빨리 사는 게 좋다고 생각합니다. 경제위기가 오더라도 무주택으로 사는 것보다 훨씬 유리하기 때문입니다. 다만 너무 무리하게 대출을 받아서 집을 살 경우 리스크가 커지기 때문에 3억 원 정도의 레버리지를 활용하는 것이 현실적이라고 생각됩니다.

재건축 아파트에
투자하고 싶습니다

날짜	2021년 9월
가족구성원	남편, 아내
현 거주지	서울시 은평구 은평뉴타운 소재 아파트(부모님 명의)
순자본	현금 8억 5천만 원
월수입	700만 원
허용 가능한 원리금 상환액	월 400만 원
현 주택수	유주택
선호 지역	서울
우선순위	투자 〉교통 = 상권 = 학군 = 환경

Q. 저희는 현재 부모님 집에서 거주 중이며, 부부가 보유한 아파트는 전세를 줬습니다. 저희 부부가 보유한 아파트에 실거주로 입주하고, 부모님 집(시세 12억~13억 원)을 팔아 다른 곳에 투자하고 싶은데요. 투자가치가 높은 재건축 아파트에 투자하려 합니다. 미리 살펴본 곳은 미성(1988년, 은평구 불광동), 자양한양(1983년, 광진구 자양동), 광장극동2차(1989년, 광진구 광장동) 3곳입니다. 미성은 매수 가능하고, 자양한양과 광장극동2차는 갭투자를 고려 중입니다. 3개 단지에 대한 의견이 궁금합니다. 또 재건축 아파트를 매수할 경우 부모님과 공동명의로 진행하는 게 가능할까요?

A. 현재 부모님 집에서 거주 중이고, 부모님 집을 팔아 유망한 지역에 장기 투자할 계획으로 보입니다. 부모님 집을 팔 때, 만일 부모님이 시골에 집이 있으시다면 비과세가 안 될 수도 있습니다. 따라서 비과세 가능 여부를 판단하고 집을 파는 게 유리합니다. 시골에 있는 집 때문에 12억~13억 원에 달하는 서울 집의 비과세가 어렵다면 반드시 시골집부터 먼저 처분해야 합니다.

말씀하신 3군데 단지는 대동소이합니다. 입지상으로는 불광동보다는 자양동 쪽이 좀 더 미래 가치가 좋아 보이긴 합니다. 3군데 아파트 중에서도 가급적 급매물 위주로 매수하면 좋을 것 같아요. 범위를 좀 더 넓힌다면 투자가치가 더 좋은 아파트를 매수할 수 있습니다. 범위를 넓히는 것도 추천합니다.

재건축 아파트 매수 시 부모님과 공동명의도 가능합니다. 다만 증여세가 문제가 될 수 있어요. 자금조달계획서도 제출해야 하기 때문에 자금계획도 꼼꼼히 세워야 합니다. 반드시 세무 전문가와 만나 증여세 부분도 확인해야 합니다. 부모님 돈으로 본인 집을 사는 것이기 때문에 원칙적으로 증여세를 내야 합니다. 증여세를 내고 본인 명의로 집을 살지, 아니면 부모님 명의로 집을 사고 나중에 상속을 받을지 잘 따져보고 결정하기 바랍니다.

집주인이 주택임대사업자인데, 어떻게 투자하면 좋을까요?

날짜	2021년 10월
가족구성원	남편, 아내, 자녀 둘
현 거주지	서울시 성동구 성수동 소재 아파트(전세 4억 4천만 원)
순자본	현금 6억 3천만 원
월수입	1,200만 원
허용 가능한 원리금 상환액	월 400만 원
현 주택수	무주택
선호 지역	서울
우선순위	학군 〉투자 〉교통 〉환경 〉상권

Q. 전세금 제외 현금 6억 3천만 원 보유 중입니다. 현재 거주하는 전셋집은 주택임대사업자의 집으로 앞으로 꽤 오래 거주가 가능합니다. 전셋집에 계속 거주하면서 투자가치가 높은 물건을 매수하는 소위 '몸테크'도 가능합니다. 마포구, 용산구, 성동구 주택을 원하지만 벗어나도 관계없습니다.

A. 현재 거주 중인 아파트가 주택임대사업자의 집이기 때문에 저렴한 비용으로 거주가 가능하다고 보입니다. 따라서 전셋집에 계속 거주하면서 갖고 있는 현금 6억 3천만 원으로 투자하는 전략은 굉장히 좋습니다. 다만 집주인이 주택 임대기간을 절반만 채우고 주택임대사업자를 자진 말소하더라도 집주인에게는 큰 불이익이 없기 때문에 이런 부분까지 면밀히 검토한 다음 투자를 고민해봐야 합니다. 자칫하다 갑자기 높은 임대료를 지불해야 할 수도 있기 때문입니다.

5호선 마포역 인근 도화3지구우성 아파트는 올해 5월 예비안전진단에 통과되어 재건축이 시작될 수 있는 단지입니다. 이곳에 투자하면 적은 돈으로 새 아파트가 될 가능성이 있는 물건에 미리 진입하는 효과를 볼 수 있습니다. 1991년 3월에 준공되었고 총 15동, 1,222세대입니다. 입지나 학군 모두 우수하기 때문에 향후 재건축으로 새 아파트가 들어설 경우 상당히 기대되는 곳입니다. 다만 용적률이 227%로 사업성은 조금 떨어집니다.

도화3지구우성 아파트 전용면적 68m²의 매매가는 13억 7천만 원입니다. 전세를 끼고 투자 할 경우 7억~8억 원 정도의 자금이 필요해 보입니다. 현재 갖고 있는 현금이 다소 부족하지만 맞벌이 소득이 크기 때문에 대출을 활용해 충분히 살 수 있다고 판단됩니다.

장기적인 투자를 원한다면 비교적 적은 돈으로 새 아파트에 입주할 수 있는 재건축 아파트에 투자하는 것도 좋은 전략입니다. 향후 새 아파트가 완공될 때까지 열심히 모은 자금과 전세금을 합해 추가 분담금 및 잔금을 마련할 수 있다고 판단됩니다.

이 아파트보다
좋은 아파트가 있을까요?

날짜	2022년 1월
가족구성원	30대 남성
현 거주지	경기도 고양시 일산동구 소재 주택(전세)
순자본	현금 7천만 원, 마이너스통장 5천만 원
월수입	350만 원
허용 가능한 원리금 상환액	월 250만 원
현 주택수	무주택
선호 지역	경기도 고양시 일산동구·일산서구 또는 서울시 은평구
우선순위	교통 〉 투자 〉 환경 〉 학군 〉 상권

Q. 일산동구 전셋집에서 서울 을지로로 출퇴근합니다. 결혼할 여자친구는 직장이 일산에 있습니다. 직주근접이 좋은 서울 3호선 부근에서 내 집 마련을 계획 중인데요. 제 명의로 된 전셋집 계약이 오는 3월 중순에 만료됩니다. 보금자리론을 포함해 3억 5천만~3억 7천만 원, 20평대 아파트를 찾고 있습니다. 이 가격과 평수에 맞는 아파트를 찾아보니 서울 3호선 원당역 인근 달빛2단지부영(20평, 3억 3천만~3억 6천만 원)이 눈에 들어왔습니다. 이 아파트 괜찮을까요?

A. 내 집 마련을 빨리 하려는 계획은 굉장히 좋은 전략입니다. 갖고 있는 현금이 부족하기 때문에 보금자리론으로 레버리지를 일으키겠다는 계획도 좋습니다. 다만 언급한 원당역 인근 달빛2단지부영은 최근 가격이 1억 원 정도 급등한 지역이라 투자로 들어가기에는 다소 아쉽습니다. 물론 실거주 목적이라면 살기에는 좋은 곳입니다. 투자까지 염두에 둔다면 다른 가능성도 검토해보기 바랍니다.

우선 청약가점이 어떻게 되는지 몰라서 당첨 가능성이 얼마나 될지 모르겠지만, 신혼부부 특별공급은 자녀가 없어도 자격이 되기 때문에 청약을 적극적으로 활용해보기 바랍니다. 꼭 청약에 당첨이 되지 않더라도 괜찮습니다. 일시적으로 미분양이 나는 아파트도 종종 있으니까요. 최근 분양했던 파주 문산역 동문디이스트 역시 일주일 정도 미분양이 나서 선착순으로 새 아파트를 분양받을 수 있었습니다. 지금은 이미 완판이 되었고요. 청약은 당첨이 된다는 보장이 없기 때문에 미분양 아파트도 함께 보길 권합니다.

당첨 가능성을 높이기 위해서 전국구로 청약을 넣는 게 좋습니다. 실거주 의무가 없는 지역도 많기 때문에 당첨되면 전월세를 주면 됩니다. 가급적 그런 지역 위주로 청약을 넣어서 당첨 이후 전월세를 주고 본인도 살기 좋은 곳에 전월세를 사는 겁니다. 그러고 나서 당첨된 아파트 가격이 오르면 그 아파트를 팔고 그동안 모은 돈으로 본인이 살고 싶은 상급지 아파트를 매수하면 좋습니다.

정리하면 문의한 아파트는 실거주 측면에서는 괜찮지만 투자가치는 다소 떨어집니다. 따라서 청약 가능성을 따져본 다음, 신혼부부 특별공급을 노리거나 일시적으로 미분양이 나는 단지를 노리는 전략을 고려해보기 바랍니다.

갑자기 세입자가
나간다는데 어쩌죠?

날짜	2022년 11월
가족구성원	남편, 아내
현 거주지	경기 구리시 소재 주택(전세)
순자본	미공개
월수입	미공개
허용 가능한 원리금 상환액	미공개
현 주택수	유주택
선호 지역	미공개
우선순위	미공개

Q. 보유하고 있는 서울 마포구 아파트에 전세를 줬습니다. 계약 기간이 10개월쯤 남았는데 갑자기 내년 1월에 나가고 싶다고 연락이 왔습니다. 저희도 들어주고 싶지만 사정이 있습니다. 전세를 살다 3년 뒤에 해당 아파트에 입주할 계획을 세웠는데요. 지금 새로운 전세계약을 맺으면 그 기한이 2년이다 보니 저희 가족의 거주 문제가 곤란해집니다. 보통 이렇게 전세계약 중간에 세입자가 나가면 기존 세입자가 새로운 세입자를 구하고 저희가 새로운 세입자와 계약하는 과정에서 발생하는 중개수수료까지 지급하는 게 관례 아닌가요? 이럴 때는 어떻게 해야 하나요? 참고로 해당 아파트는 최근 전세 시세가 올해 초 대비 3천만 원 정도 올랐습니다. 이런 상황에서 새로운 세입자를 구할 수 있을까요?

A. 요즘처럼 전세가격이 떨어지는 역전세 시대에 전세가격이 3천만 원 올랐다는 건 희소식이네요. 세입자가 계획대로 딱딱 계약 기한에 맞춰서 나가고 들어오는 경우가 잘 없다 보니 미리 입주계획을 잘 세워야 합니다. 또 최근에는 계약갱신청구가 가능해서 새로운 세입자를 구할 경우 2년이 아닌 4년까지 기한이 늘어날 수 있습니다. 계약갱신청구권을 무력화하려면 본인이 직접 기존 주택에 들어가거나, 직계존속이 기존 주택에 들어가는 방법이 있습니다.

전세계약 중간에 세입자가 나가는 경우 말씀대로 기존 세입자가 신규 세입자를 구하고 중개수수료도 대신 물어주는 게 관례이긴 합니다.

하지만 세입자와 서로 양보하면서 협의를 통해 원만하게 문제를 잘 해결하는 게 현실적으로 더 도움이 됩니다. 또한 신규 세입자를 구할 때 계약갱신청구를 쓰지 않을 사람, 가령 2년 후 분양받은 아파트에 입주할 예정인 사람을 구하기 바랍니다.

5억 원대 아파트,
영끌해도 될까요?

날짜	2021년 12월
가족구성원	남성
현 거주지	서울 은평구 소재 오피스텔(보증금 3천만 원, 월세 48만 원)
순자본	1억 5천만 원(현금 1억 원+보증금 3천만 원+주식 2천만 원)
월수입	500만 원
허용 가능한 원리금 상환액	월 250만 원
현 주택수	무주택
선호 지역	서울 강북
우선순위	교통 〉 상권 〉 학군 〉 환경 〉 투자

Q. 해외에서 오래 살다가 한국에 온 지 이제 7개월입니다. 한국에 거처가 없어 호텔에서 살다가 출퇴근이 편한 구파발역 인근 오피스텔을 잡아 월세로 살고 있습니다. 계약은 6개월 남았고요. 독립이 처음이다 보니 이제 막 부동산 시장에 관심을 갖게 되었습니다. 집을 사는 것이 목표라 청약에 대해 알아보니 소득 조건도 걸리고 특별공급도 조건이 애매하더라고요. 해외에 오래 거주했기에 청약가점이 매우 처참한 수준입니다. 다행인 건 군복무 시절부터 13년 넘게 청약통장을 유지하고 있습니다. 일반공급은 어렵지만 활용은 가능합니다.

대출을 받아 서울 강북 지역 20평대, 5억 원대 아파트를 매입하는 건 어떨까요? 같은 가격이면 은평구, 중랑구, 노원구, 성북구, 서대문구 중 어느 지역을 골라야 할까요? 아니면 최근 전세가격이 많이 내려가고 있는데, 전세로 시작해서 돈을 열심히 모아 추후 매입을 하는 게 나을까요?

A. 현재 갖고 있는 순자산 1억 5천만 원으로 5억 원짜리 주택을 구입할 계획으로 보입니다. 그렇다면 3억 5천만 원 대출을 받아야 하는데 5% 금리 적용 시 이자만 한 달에 145만 원에 달합니다. 원금과 함께 갚으면 거의 매달 300만 원의 고정지출이 생깁니다. 매달 소득의 60%를 대출을 갚는 데 써야 한다는 말입니다. 요즘처럼 고금리 시대에는 영끌은 지양해야 합니다. 그보다는 당분간 전세를 살면서 돈을 모으는 방법이 좀 더 안정적으로 보입니다.

전월세를 살면서 남는 돈으로 소액 투자를 하는 방법도 있습니다. 전세를 끼고 집을 사거나 마이너스 프리미엄을 주고 분양권을 사는 방법도 있습니다. 특히 분양권 투자는 당장 계약금만 들어가고 중도금은 대출을 받을 수 있어 자본금이 적어도 가능합니다. 실거주할 집과 투자할 집을 분리한 후 레버리지를 활용해 비교적 적은 금액으로 투자하는 방법을 고려해보기 바랍니다. 다른 방법으로는 인기 지역이 아닌 비인기 지역 위주로 청약을 넣는 전략이 있습니다.

투자가치가 있고 저평가 되어 있는 지역을 선별해야 소액 투자로 성과를 거둘 수 있습니다. 당장 실거주보다는 투자 목적으로 실거주할 집과 투자할 집을 별개로 고려하기 바랍니다. 아무쪼록 현명한 결정을 내리길 기원합니다.

전세를 연장할까요, 집을 살까요?

날짜	2022년 12월
가족구성원	남편, 아내
현 거주지	서울시 강서구 가양동 소재 아파트(전세 2억 5천만 원)
순자본	2억 7천만 원(현금 1억 2천만 원+전세금 여분 1억 5천만 원), 전세 대출 1억 원
월수입	500만~1천만 원
허용 가능한 원리금 상환액	월 200만 원
현 주택수	무주택
선호 지역	경기도 김포시 또는 서울시 강서구
우선순위	교통 〉 상권 〉 학군 〉 환경 〉 투자

Q. 2022년 5월에 현재 거주하는 아파트의 전세계약이 끝납니다. 내년에 계약갱신청구권을 1회 사용할 수 있으나 아직 집주인과는 상의하지 않았습니다. 계약갱신청구권을 사용해 전세를 연장해야겠다는 마음 반, 가진 현금에 대출을 받아 내 집을 마련해보자는 마음 반입니다. 최근 집값이 하락할 것이라는 전망이 나오고 있어 결정이 쉽지 않네요. 내가 살 집 한 채 정도는 있어야 한다고 믿지만 큰돈이 들어가는 일이라 쉽게 결정을 못하고 있습니다. 전세 만기에 맞춰 집을 사는 게 나을까요?

아파트를 산다면 연식에 관계없이 보금자리대출이 가능한 6억 원 아래, 25평 전후를 고려하고 있습니다. 청약통장은 약 10년간 쉬지 않고 납부해 120회차 이상입니다. 외벌이 개인사업자이다 보니 수입이 불규칙합니다. 사무실은 마곡에 위치하고 있지만 이동이 편한 직종이기에 이사해도 무방합니다. 현재는 자녀가 없지만 향후 1명 정도 고려하고 있습니다.

A. 청약저축을 10년간 쉬지 않고 납입했다면 청약가점이 꽤 높을 수 있다고 생각합니다. 또한 혼인한 지 7년 이내라면 신혼부부 특별공급도 가능합니다. 최근 법 개정으로 자녀가 없더라도 신혼부부 특별공급 추첨제를 노릴 수 있기 때문에 가능 여부를 먼저 확인해보기 바랍니다. 3기 신도시나 신혼부부 특별공급으로 청약을 넣을 수 있는 곳에 청약을 넣는 게 우선입니다. 다만 청약이 힘들다고 판단되면 말씀대

로 보금자리대출을 활용해 집을 매입하기 바랍니다.

2년 전만 하더라도 김포의 경우 34평 신축 아파트가 3억~4억 원대였습니다. 지금은 가격이 많이 올라 5억~6억 원 수준이고요. 내 집 마련을 미루면 나중엔 더 힘들어질 수 있습니다. 다만 계약갱신청구권을 쓸 수 있다면 당장 들어가 살 집을 사는 것보다 전세를 끼고 투자용으로 갭투자를 하는 방법도 있습니다. 만약 제가 같은 입장이라면 전세 계약을 연장하고 갖고 있는 현금으로 전세 낀 집을 좀 더 저렴하게 매입하는 방법을 선택하겠습니다. 물론 신규 주택 구입 시 전세자금 대출이 회수될 수 있기 때문에 이런 부분도 반드시 검토해야 합니다.

6억 원으로는 강서구 쪽 아파트는 현실적으로 매입이 힘듭니다. 다만 김포라면 신축 아파트도 6억 원대 매물이 남아 있습니다. 현재 매수자 우위 시장이므로, 시장 상황을 잘 활용해 전세 낀 급매물을 잡기 바랍니다.

예비신부의 인천 집,
지금 팔아도 될까요?

날짜	2022년 3월
가족구성원	예비신랑, 예비신부
현 거주지	인천시 연수구 송도동 소재 오피스텔(전세)
순자본	현급 2억 5천만 원, 회사 신용대출 및 전세 대출 2억 2천만 원
월수입	650만 원
허용 가능한 원리금 상환액	월 150만 원
현 주택수	유주택
선호 지역	경기도 부천, 광명, 안양, 시흥 또는 인천시
우선순위	투자 〉교통 〉상권 〉학군 〉환경

Q. 저와 예비신부는 인천시 남부 지역에서 직장을 다니고 있습니다. 수인분당선 인천논현역 인근에 예비신부 명의로 대형 평수 아파트를 갭투자해 보유하고 있고요. 2023년에 결혼하며, 당장 혼인신고는 하지 않을 예정입니다. 제 명의로 전세 대출을 받아 예비신부가 보유 중인 아파트에 입주해 사는 방법을 고려 중이기 때문입니다. 한편으론 해당 아파트에 입주해 살아야 할지, 입주물량이 늘어나는 2025년 전에 매도해야 할지 고민입니다. 매도한다면 예비신부는 경기 광명, 안양, 시흥 혹은 서울 진입을 꿈꿉니다. 저는 직주근접을 이유로 인천과 부천, 시흥을 선호하고요. 보유 주택 매도 타이밍과 매수 지역에 대한 조언을 받고 싶습니다.

A. 혼인신고를 늦추고 예비신랑이 전세 대출을 받아서 예비신부가 보유 중인 아파트에 입주할 계획으로 보입니다. 하지만 자녀가 태어나면 혼인신고를 더 이상 늦출 수가 없습니다. 우리가 돈을 벌고 재테크를 하는 이유는 가족과 행복하게 잘 살기 위해서입니다. 재테크를 위해서 출산을 미루고 혼인신고를 미루는 게 행복을 위한 길인지 고민해볼 필요가 있겠습니다.

갖고 있는 인천 논현역 아파트의 경우 비과세가 가능하다면 매도하고 갈아타는 전략도 괜찮습니다. 비과세 요건을 채웠다면 입주물량이 늘어나는 2025년 전에 매도하는 게 이롭겠습니다. 다만 갖고 있는 자금으로는 서울로 바로 진입할 수 없습니다. 혼인 전이라면 남편 명의로 소액 투자를 하고, 혼인 후 일시적 1가구 2주택 비과세 혜택을 받아서 매도하는 식으로 자산을 불릴 필요가 있습니다.

수도권 4억 원 이하 주택을 남편 명의로 매수하더라도 전세자금 대출이 가능합니다. 따라서 전세자금 대출을 받아서 남편 명의로 소액 투자를 하고 추후 비과세로 매도한 뒤 상급지 이동을 고려해보기 바랍니다. 지금은 자산을 더 모아야 할 시점이라고 판단됩니다. 투자에 성공하기를 진심으로 기원합니다.

지방 구축 아파트에 투자해도 될까요?

날짜	2022년 3월
가족구성원	남편, 아내
현 거주지	경기도 구리시 갈매동 소재 아파트(자가)
순자본	9억 원(보유 중인 실거주 아파트 시세), 주택담보대출 2억 원
월수입	500만 원
허용 가능한 원리금 상환액	월 200만 원
현 주택수	유주택
선호 지역	강원도 춘천시
우선순위	투자 〉 상권 〉 학군 〉 환경 〉 교통

Q. 강원도 춘천시 구축 아파트 투자에 관심이 있습니다. 지난 몇 년간 춘천시에 신축 브랜드 아파트가 대거 들어오면서 30평대 기준으로 5억~6억 원대 시세를 형성하고 있습니다. 인근의 같은 평형 구축들은 신축 시세 대비 절반 또는 그보다 못한 시세를 유지하고 있습니다. 가령 춘천센트럴파크푸르지오는 30평대가 6억 원대인 반면, 인근 구축 보배온의, 온의금호1차는 2억 원대 안팎의 가격을 유지하는 현실입니다. 서울이라면 구축도 재건축 기대로 신축 못지않은 가격을 유지하지만 그렇지 않은 상황이라 갭투자 물건으로 매력적이란 생각이 듭니다. 갭투자를 한다면 보배온의는 약 3천만 원, 온의금호1차는 약 8천만 원 투자금이 들어갑니다.

여기서 세 가지가 궁금합니다. 위 두 아파트는 갭투자 물건으로 어떨까요? 왜 춘천시는 신축과 구축의 가격 차이가 심한가요? 구축 아파트 가격이 낮은 건 투자 물건으로 매력이 없다는 뜻이기도 할 텐데, 그렇다면 역시 춘천은 청약이 답일까요?

A. 춘천은 서울춘천고속도로가 뚫리면서 가격이 전반적으로 많이 올랐던 지역입니다. 하지만 입주물량의 증가로 신축 대비 구축은 저평가 상태로 보입니다. 신축이 들어오면 아무래도 신축으로 옮기려는 수요가 많기 때문에 구축의 인기가 떨어집니다. 하지만 신규 입주물량이 마무리되면 추후 구축 아파트도 오를 여지는 분명히 있다고 봅니다.

춘천 구축은 저평가되어 있는 게 사실입니다. 하지만 저평가되었다고 다가 아닙니다. 가격이 오르긴 하겠지만 상당히 장기전이 될 수 있습니다. 저평가된 지역에 불을 당겨줄 호재가 필요합니다.

공시지가 1억 원 미만 아파트는 다주택이라 하더라도 취득세가 1%입니다. 따라서 많은 사람이 취득세 1억 원 미만의 아파트를 주목하는데요. 춘천 구도심 1억 원 미만의 아파트도 그런 측면에서 보면 투자가치가 있다고 보입니다. 다만 아쉬운 점은 현시점에서 춘천보다 투자가치가 뛰어난 지역이 많기 때문에 타 지역과 비교해 춘천 구축 아파트의 내재가치를 검토해볼 필요가 있습니다.

향후 다양한 호재를 기대하면서 공시지가 1억 원 미만의 아파트에 투자하는 방향성은 굉장히 좋습니다. 단기적으로는 온의동처럼 춘천 지역의 시세를 리드하는 곳부터 먼저 투자하는 게 좋다고 봅니다.

7억 원으로 어디를 살까요?

날짜	2022년 4월
가족구성원	남편, 아내
현 거주지	서울시 마포구 소재 아파트(전세 6억 원)
순자본	7억 원(전세금 여분 6억 원+현금 1억 원)
월수입	700만 원
허용 가능한 원리금 상환액	월 250만 원
현 주택수	무주택
선호 지역	서울
우선순위	상권 〉교통 〉환경 〉투자 〉학군

Q. 저희 부부는 경의중앙선 서강대역 앞 신촌삼익에 전세를 살고 있습니다. 전세금 6억 원을 모두 현금으로 충당했고 대출은 없습니다. 부부의 생활 터전은 마포이며 제 직장은 여의도, 아내의 직장은 공덕동입니다. 마포구에서 내 집 마련을 하고 싶지만 꼭 이곳에 붙어 있어야 하는 것은 아닙니다. 결혼한 지 6개월이 지났지만 혼인신고는 하지 않았습니다. 청약이나 대출을 받을 시 혼인신고를 하지 않은 상태가 유리하다는 이야기를 듣고 주저하고 있습니다.

부동산 투자로 돈을 불리기보단 '쾌적한 주거'에 대한 욕구가 큽니다. 딩크족이라 실거주에 있어 학군은 고려 대상도 아니고요. 면적도 20~25평 정도면 둘이서 만족하며 살 수 있을 것 같습니다. 전세계약이 끝나는 앞으로 2년 뒤엔 실거주가 가능한 자가 주택을 마련하고 싶습니다. 하지만 자산이 부족해 마포구에서는 쾌적한 아파트를 손에 넣기 어려울 것 같습니다. 빌라는 주변 만류가 심해 꺼려지고요. 무엇부터 해야 하나요? 7억 원으로 어디를 살까요?

A. 7억 원이라는 돈은 절대 적은 돈이 아닙니다. 마음만 먹으면 대출을 받아서 원하는 지역, 원하는 아파트에 충분히 살 수 있습니다. 예를 들어 집은 낡았지만 몸테크를 하면서 추후 재건축을 바라본다면 11억 원 정도 하는 성산시영에 입주해서 사는 방법도 있습니다. 투자가치는 다소 떨어지지만 삶의 만족도를 높이고 한강 근처에서 거주하고 싶다면 10억 원대 주상복합 아파트도 가능합니다. 상권과 쇼핑 그리

고 편리한 생활을 누리고 싶다면 삼송역 인근 아파텔도 입주가 가능한 금액입니다. 자연환경과 더불어 살고 싶다면 은평뉴타운도 만족도가 높을 것이라고 예상합니다.

삶의 만족도를 어디에 두느냐에 따라서 내가 원하는 지역, 원하는 아파트는 달라질 수 있습니다. 본인이 정말 원하는 삶이 무엇인지 먼저 질문을 던져보고 고민해보는 게 좋겠습니다. 지금은 계획이 너무 막연합니다. 또한 2년 후 전세 만기 시점에 집을 마련하는 것보다는 하루라도 빨리 매입하는 편이 좋습니다. 일단 내 집을 마련하면 심리적인 안정감이 생겨 인생계획을 좀 더 구체적이고 세심하게 세울 수 있습니다. 마음의 소리에 집중해서 현명한 판단을 내리기를 기원하겠습니다.

서울 빌라 vs.
경기 아파트

날짜	2022년 4월
가족구성원	남편, 아내
현 거주지	서울시 마포구 소재 아파트(전세 6억 원)
순자본	7억 원(전세금 여분 6억 원+현금 1억 원)
월수입	700만 원
허용 가능한 원리금 상환액	월 250만 원
현 주택수	무주택
선호 지역	서울
우선순위	상권 〉 교통 〉 환경 〉 투자 〉 학군

Q. 부모님의 2주택 문제로 약 10년 전 조부모님께서 보유한 시골 집을 증여받았습니다. 현재 거주 중인 마포구 빌라 전세계약은 6개월이 남았습니다. 지금의 소득 수준은 유지할 수 있을 것 같습니다. 다만 시골 집을 증여받아 1주택자이고, 집값이 계속 오르고 있어 고민이 깊습니다. 집값이 너무 오른 상태라 일단 청약을 염두에 두고 계속 돈을 모으는 게 맞을까요? 아내 명의로 10년 가까이 유지한 청약통장이 있습니다. 청약가점은 40점대 초반입니다. 지금이라도 레버리지를 일으켜 경기도 아파트를 매수하는 게 나을지, 아니면 가진 돈을 활용해 서울 빌라를 매수하는 게 나을지 궁금합니다.

A. 청약을 위해서는 무주택 여부도 중요합니다. 10년 전 조부모님께 시골 집을 증여받았다면 유주택자이기 때문에 당첨 가능성이 낮습니다. 하지만 유주택자도 무주택으로 간주하는 경우가 있습니다. 전용면적 60m² 이하, 8천만 원 미만(수도권은 1억 3천만 원 미만)인 주택 또는 분양권은 소형 저가 주택으로 간주되어 민영주택 일반공급에서 무주택자로 인정됩니다. 특별공급이나 국민주택에서는 소형 저가 주택도 유주택으로 간주되기 때문에 이 부분은 유의해야 합니다. 참고로 서울 빌라보다는 경기도 아파트를 추천합니다.

보유한 집을 팔고
똑똑한 한 채를 살까요?

날짜	2022년 5월
가족구성원	50대 남편, 50대 아내, 20대 자녀
현 거주지	서울시 노원구 중계동 소재 주택(26억 원)
순자본	17억 원(보유 중인 아파트 시세 26억 원+현금 3억 원−세입자 전세금 12억 원)
월수입	800만 원
허용 가능한 원리금 상환액	대출 고려하지 않음
현 주택수	유주택
선호 지역	서울 마포구, 광진구, 성동구, 송파구
우선순위	투자 〉 교통 〉 환경 〉 상권 = 학군

Q. 저는 일시적 2주택자입니다. 이전 주택은 양도세 비과세 요건을 충족했습니다. 신규 취득한 서울 동작구 노량진 신동아리버파크 43평은 전세를 줬고요. 신규 취득 주택은 현재 리모델링을 추진 중입니다. 최근 투자 문제로 고민이 많은데요. 3주택자가 되거나 똘똘한 한 채 매입을 고려하고 있습니다. 참고로 2024년까지 현금 2억 원이 추가로 들어옵니다.

먼저 3주택자가 되는 안은 이렇습니다. 일단 이전 주택을 팔아 손에 넣은 돈과 보유한 현금으로 서울 자양2구역 또는 합정동 재개발 주택 한 채를 매수하고, 경기 안산시 저층 재건축 주공아파트 한 채를 매수한 다음 남은 돈(약 4억 원)으로 전세를 살 계획입니다. 신동아리버파크는 계속 보유하고요.

똘똘한 한 채로 갈아타는 전략은 이렇습니다. 이전 주택과 신동아리버파크를 매도해 현금 15억 원(신규 주택 양도세 2억 원 제함)을 만들고 재건축 아파트(서울 흑석동 명수대현대, 문정동 올림픽훼밀리타운 등)에 갭투자합니다. 그리고 나머지 돈(약 4억 원)으로 전세를 삽니다.

A. 기존 주택을 양도세 비과세 혜택을 받고 매도한 다음 추가로 주택 2개를 살지, 아니면 신규 주택(신동아리버파크)도 같이 매도해서 돈을 합쳐 재건축 단지를 살지 고민하는 것 같습니다. 신동아리버파크는 거주 요건을 채우지 못했기 때문에 비과세가 안 됩니다. 따라서 신동아리버파크를 팔 경우 양도세만 2억 원가량입니다. 양도세를 2억 원이

나 내고 명수대현대, 올림픽훼밀리타운에 갭투자할 경우 과연 수익이 얼마나 날 것인가가 관건입니다. 수도권 아파트 가격이 많이 오른 현 상태에서 똘똘한 한 채로 갈아타는 게 적절한지 아닌지는 좀 더 고민 이 필요해 보입니다.

어차피 신동아리버파크로 비과세 혜택을 받기 힘들다면 3주택 전략 이 더 유효해 보입니다. 현 정부가 주택수보다는 주택가액으로 종부 세를 책정하려는 계획을 갖고 있기 때문에 기존의 똘똘한 한 채 전략 보다는 다주택 전략이 더 유리해질 수 있습니다. 또한 양도세 중과 유 예 혹은 폐지로 여러 채의 주택을 보유하는 게 더 유리한 포지션일 수 있습니다. 다만 서울 자양2구역 또는 합정동 재개발 빌라를 매입하는 건 좋은 선택이 아닐 수 있습니다. 왜냐하면 재개발은 이해관계에 따 라 굉장히 시간이 지체될 수 있을 뿐더러, 적은 돈이 아닌 비교적 큰돈 이 묶일 수 있기 때문 입니다. 그보다는 환금성이 좋은 기존 아파트에 투자하는 게 안전해 보입니다.

9장
이 돈으로 뭘 살 수 있나요?:
시크릿 Q&A ②

"감당할 수 있는 만큼만 위험을 부담하고
의미 있는 만큼만 위험에 베팅하라."
_에드 세이코타

대출 없이 집을
사는 게 나을까요?

날짜	2022년 6월
가족구성원	남편, 아내
현 거주지	경기도 구리시 교문동 소재 빌라(전세)
순자본	4억 5천만 원(전세금 여분 3억 5천만 원+현금 1억 원)
월수입	500만~700만 원
허용 가능한 원리금 상환액	월 250만 원
현 주택수	무주택
선호 지역	경기도 남양주
우선순위	투자 〉 환경 〉 교통 〉 상권 〉 학군

Q. 2016년 결혼한 이래 전세로 살았습니다. 내 집 마련 기회가 있었지만 두 번쯤 미루다 보니 여기까지 왔습니다. 올 하반기 전세계약 만료를 앞두고 이번에야말로 집을 살 계획입니다. 그런데 공교롭게도 집값 하락에 대한 우려가 거세진 것 같아 유감입니다. 부부 중 한 사람은 사학연금 가입자로 대출이 잘 나옵니다(2억 원 가능). 추가로 대출을 받아서 8억 원대까지는 모을 수 있을 것 같습니다. 과거 상승장에 제때 올라타지 못한 후회로 이번에는 조금 고생하더라도 투자가치가 높은 물건을 사고 싶습니다.

각각 광진구와 성동구에 직장이 있어 수도권 동북권에서 집을 찾고 있습니다. 특히 남양주 다산신도시, 별내신도시, 덕소 3곳 중 한 곳에 정착하려 합니다. 가격을 보니 다산신도시와 별내신도시로 가려면 대출을 많이 받아야 하고 덕소에선 그렇지 않습니다. 금리 인상 등으로 이자 걱정이 큰데 이왕이면 대출 없이 덕소 아파트를 사는 게 나을까요? 아니면 대출을 끌어모아 다산신도시나 별내신도시에 진입해야 할까요?

A. 내 집 마련을 위해 가격과 지역을 저울질하는 걸로 보입니다. 말씀대로 다산시도시와 별내신도시는 대출이 필요한 상황입니다. 지금처럼 금리가 오르는 시점에는 무리하게 대출을 받아선 안 됩니다. 저라면 무리하지 않는 선에서 덕소에 집을 사고 남는 돈으로 추가로 다른 지역에 투자할 것 같습니다. 많은 사람이 부동산 투자를 하려면 돈이 많

이 있어야 한다고 생각합니다. 하지만 전세가율이 높은 아파트나 중도금 무이자 대출이 가능한 분양권 등은 생각보다 필요한 투자금이 적습니다.

예를 들어 2년 전에 제가 샀던 청주 아파트는 전세를 낀 상태로 매입했기 때문에 투자금은 단돈 1천만 원이었습니다. 현재 1억 원 정도 오른 상태이고요. 3년 전에 산 김포 미분양 아파트는 계약금 3,500만 원과 잔금 시 전세금을 빼고 추가로 1,500만 원, 즉 총 5천만 원밖에 들지 않았습니다. 현재는 4억~5억 원 오른 상태고요. 금리가 오른다고 하더라도 이자가 나가지 않는 전세금을 활용하거나, 중도금 무이자 대출을 활용해 투자한다면 적은 돈으로도 큰 수익을 올릴 수 있습니다.

참고로 올해 집값 전망은 큰 의미가 없습니다. 이미 많이 오른 지역은 금리 인상과 세계 경제의 불확실성으로 다소 조정을 보일 수 있습니다. 반면 저평가된 지역은 세계 경제와 무관하게 집값이 오를 수 있습니다. 핵심은 '그런 지역을 어떻게 찾느냐?' 하는 것입니다.

덜컥 급매를
가계약했습니다

날짜	2022년 6월
가족구성원	예비신랑, 예비신부
현 거주지	서울 중랑구(예비신랑), 경기 동탄신도시(예비신부)
순자본	1억 8천만 원(현금 1억 7천만 원+퇴직금 1천만 원), 자동차 대출 1,100만 원
월수입	630만 원
허용 가능한 원리금 상환액	월 250만 원
현 주택수	무주택
선호 지역	경기 용인시 수지구 풍덕천동
우선순위	교통 〉학군 〉환경 〉투자 〉상권

Q. 2023년 3월에 결혼하는 예비 신혼부부입니다. 최근 생애최초 주택 구매자의 LTV가 완화되는 것에 대한 생각이 많습니다. 실은 얼마 전 까지 시장 하락세와 금리 인상 등이 이어질 것으로 판단해 전월세로 거주하며 관망하려 했습니다. 그러다 관심 지역에서 급매가 보여 덜 컥 가계약을 했습니다. 해당 물건은 경기 용인시 수지구 풍덕천동 소 재 신정8단지현대성우 24평입니다. 시세는 7억 6천만 원인데 집주 인이 6억 5천만 원에 내놓은 상태입니다. 따로 공사가 필요하지 않을 정도로 컨디션도 좋습니다. 다만 실거주를 위해선 4억 7천만 원이라 는 큰돈을 대출받아야 합니다. 최근 들어 시장에 대한 비관적인 기사 가 많이 나와 걱정도 됩니다. 해당 물건을 가계약한 저희의 결정에 대 해 의견이 궁금합니다. 또 예비신부는 신분당선 상현역, 저는 4호선 회현역 인근으로 출퇴근하는데요. 해당 주택을 구매하는 게 옳은 일 일까요?

A. 우선 내 집 마련을 축하드립니다. 신정8단지현대성우의 최근 실거래 는 7억 6천만 원(6층)입니다. 현 상황에서 매도호가 6억 5천만 원에 가계약했다면 급매가 맞습니다. 이런 경우 계약을 무조건 진행하는 게 맞다고 판단됩니다. 또한 아파트의 입지가 나쁘지 않습니다. 신분 당선에서도 가깝고 설령 금리가 오르고 경기가 좋지 않아도 급매로 산 금액에서 크게 떨어질 것 같지는 않습니다. 다만 말씀대로 4억 7천 만 원의 대출은 큰 금액입니다. 금리를 3%만 적용해도 이자만 한 달에

117만 원 정도입니다. 원금까지 갚는다면 월 상환액은 200만 원을 넘길 것입니다.

부담이 크다면 두 가지 방법이 있습니다. 첫째, 가계약금을 포기하고 더 현명한 방법을 찾는다. 이 방법은 상담이 더 필요하다고 봅니다. 둘째, 전세를 놓고 두 분은 아주 저렴한 월세에서 생활한다. 전세를 놓으면 4억 5천만 원까지 놓을 수 있기 때문에 이자 부담이 훨씬 줄어듭니다. 아직 젊기에 작은 방에서 월세로 신혼생활을 시작한다면 이자 부담을 줄일 수 있습니다. 젊을 때 고생은 사서 한다고 하죠. 목돈을 모으기까지 인내할 필요가 있습니다.

아직 예비 신혼부부이기 때문에 한 명의 명의로 집을 사고, 나머지 한 명의 명의로 전세자금 대출을 받는 방법도 있습니다. 또한 집 명의가 없는 다른 사람은 저렴한 지방 분양권을 매수할 수 있습니다. 추후 혼인신고를 하더라도 일시적 1가구 2주택 전략으로 각각 비과세 혜택을 받을 수 있습니다.

이번에 가계약한 신정8단지현대성우의 경우 2년 거주를 해야 비과세 혜택이 가능한데요. 거주하지 않더라도 비과세 혜택을 받는 방법이 있습니다. 이번에 새로 나온 상생임대주택 제도를 활용하는 겁니다. 전세를 주고 2년 후 임대료를 5% 이내로 올리면 2년 거주하지 않아도 비과세가 가능합니다. 그렇게 비과세로 팔고 더 나은 상급지 혹은 대출 없이 집을 매수하는 방법도 고려해볼 만합니다.

서울 소재 다세대주택, 매입해도 될까요?

날짜	2022년 7월
가족구성원	남성
현 거주지	서울 관악구 신림동 소재 오피스텔(전세 4천만 원)
순자본	6,400만 원(전세금 여분 4천만 원+예금 및 주식 2,400만 원)
월수입	280만 원
허용 가능한 원리금 상환액	월 120만 원
현 주택수	무주택
선호 지역	서울 강동구
우선순위	교통 〉 환경 〉 투자 〉 상권 〉 학군

Q. 최근 부동산 관련 기업으로 이직해 부동산 공부를 시작했습니다. 그러다가 자연스레 깨달음을 얻었습니다. 자본주의의 특성상 내 집 마련이 늦어지면 늦어질수록 뒤처진다는 사실을요. 그래서 전세를 끼고 사든, 실거주를 하든 집 한 채는 빨리 사두려 합니다. 자세히는 현재 살고 있는 오피스텔(전세 4천만 원)에서 나와 월세로 옮기고, 확보한 현금으로 갭투자를 하려고 합니다. 저는 현재 서울 강동구 주택이 저평가되어 있다고 봅니다. 8호선 연장 등 호재도 있고요. 강동구 암사동의 시세 2억 8천만 원짜리 주택을 전세 2억 4천만 원을 끼고 갭투자하려 합니다. 문제는 이 집을 샀는데 만약 세입자를 구하지 못했을 경우입니다. 전세금을 빼주지 못해 집이 경매로 넘어가서 빚을 떠안게 되지 않을까 걱정됩니다. 제가 자금계획을 잘 세운 게 맞나요?

A. 어린 나이에 일찍 내 집 마련을 하겠다는 생각은 정말 좋은 생각입니다. 방향성은 참 좋은데 방법 면에서 조금 아쉽습니다. 우선 큰 방향성을 정해야 세부적인 작은 목표를 이룰 수 있습니다. 강동구에 매입을 고민하는 주택은 가격으로 봐서 다세대주택으로 보입니다. 많은 사람이 서울 내 집 마련을 목적으로 다세대주택을 매입하곤 합니다. 하지만 재개발 예정지 혹은 후보지가 아닌 경우 오랜 시간 가격이 제자리걸음이고 매매도 어렵습니다. 전세입자도 잘 들어오지 않고, 역전세가 날 경우 큰 어려움에 직면할 수 있습니다. 따라서 다세대주택보다는 돈을 모아서 아파트를 사는 게 더 나은 선택지입니다.

물론 현재 가진 돈은 부족합니다. 그렇기에 수도권 혹은 지방으로 눈을 돌려 갭투자할 필요가 있습니다. 이른바 징검다리 전략으로 서울 입성을 노리는 겁니다. 수도권 일부 지역 또는 지방의 경우 현재 갖고 있는 자산으로 충분히 내 집 마련이 가능합니다. 그중에서도 전세 수요가 많은 지역을 노려 1~2채 사뒀다가 가격이 오르면 팔아서 서울 혹은 수도권 아파트를 사는 전략입니다. 지방 아파트가 서울 다세대주택보다 투자가치나 환금성 측면에서 낫다고 봅니다. 과거 지방 아파트와 서울 다세대주택의 시세 추이를 비교해보면 금방 답이 나옵니다.

아파트는 다세대주택보다 전세 수요가 많기 때문에 추후 역전세가 나거나 전세가격이 크게 떨어지는 경우도 적습니다. 이런 부분을 감안해서 투자할 필요가 있습니다. 부디 현명하게 잘 선택하기 바랍니다.

건물을 매수하고 싶은데 괜찮을까요?

날짜	2022년 7월
가족구성원	남편, 아내
현 거주지	서울 노원구 소재 아파트(반전세)
순자본	4억 2천만 원(전세금 여분 2억 원+현금 및 주식 2억 2천만 원), 전세 대출 1억 6천만 원
월수입	1,700만 원
허용 가능한 원리금 상환액	월 400만 원
현 주택수	무주택
선호 지역	수도권 또는 광역시
우선순위	투자 〉교통 = 상권 = 학군 = 환경

Q. 생업이 바쁘다 보니 오랫동안 내 집 마련에 신경을 쓰지 못했습니다. 신혼 때부터 쭉 전세로만 살아왔으니 부동산으로 재미를 본 경험이 없습니다. 최근 들어 부동산에 관심이 생겼는데요. 건물을 사고 싶어졌기 때문입니다. 건물은 아파트나 일반 주택과 달리 대출 규제에서 자유롭다고 들었습니다. 건물이 10억 원이면 80%인 8억 원까지 대출이 나온다고요. 내 집 한 채 없음에도 건물에 관심을 갖는 이유는 단순합니다. 주택 매수 시기를 여러 차례 놓친 바람에 리스크가 있더라도 규모가 큰 부동산을 소유해보고 싶어섭니다. 이를 계기로 부동산 개수도 늘리고 싶고요. 사업 소득이 늘고 있어서 대출 빚에 대한 부담은 덜한 편입니다.

수도권 외곽(의정부, 파주 등)에 있는 30년차 이상 15억 원 내외의 작은 상가주택을 보고 있는데요. 이런 부동산도 시장 흐름을 타면 폭락하기도 하나요? 반대로 시장 흐름과 관계없이 호재가 있다면 가격이 오르나요? 대출을 받을 때와 매수한 후에 주의해야 할 부분이 있을까요? 또 건물 매수에 자금이 많이 들어간다면 주거 형태를 월세로 전환하는 것까지 생각하고 있습니다. 전월세로 사는 데 큰 불편이 없기 때문입니다. 상가주택 맨 위층에 직접 들어가 살아도 되고요. 혹시 무언가 제가 놓치고 있는 것이 있나요?

A. 내 집 마련 시기를 놓쳤다고 하셨는데 지금은 금리 인상 시기입니다. 집값이 다소 하락하고 있는 추세이기 때문에 현시점에 내 집 마련을

고민하는 것은 타이밍적으로 나쁘지 않다고 생각합니다. 아무래도 사업이 불확실하다 보니 다달이 월세가 나오는 꼬마빌딩(근생건물)이나 상가주택을 선호하는 것 같습니다. 근생건물은 주택이 아닌 상가로 취급되기 때문에 직접 거주할 수는 없고요. 상가주택은 집주인이 4층에 단독으로 거주하는 경우가 많습니다. 2~3층은 전세나 월세를 주고 1층은 상가로 임대합니다.

현재 무주택 상태이기 때문에 근생건물보다는 상가주택을 사서 직접 거주하는 방법이 괜찮아 보입니다. 최근에 1주택 임대소득 과세가 공시지가 기준 9억 원에서 12억 원으로 늘어났기 때문에 공시지가 기준 12억 원 이하의 상가주택을 매입하면 월세가 전액 비과세됩니다. 다만 1주택일 경우에만 비과세되기 때문에 이 부분은 주의가 필요합니다. 일반적으로 상가주택도 주택으로 간주하므로 상가보다 대출이 많이 나오지는 않습니다. 다만 거주하지 않는 2~3층을 전세로 놓으면 대출을 적게 받아도 내 돈이 적게 들어갑니다. 상가주택은 아파트처럼 가격이 큰 폭으로 오르지는 않지만 다달이 안정적으로 임대료를 비과세로 받을 수 있습니다. 물론 1주택일 경우에 한해서 말이죠. 요즘처럼 경제 불확실성이 커진 상황에서는 매달 들어오는 월세가 큰 힘이 될 수 있습니다.

언급한 파주, 의정부는 GTX-A·C가 개통되는 지역으로 향후 땅값과 집값이 오를 수 있습니다. 상가주택은 최소 60평에서 100평까지 넓은 땅을 갖고 있기 때문에 지가 상승 시 수혜를 볼 수 있습니다. 다만 오래된 상가주택은 수리가 필요합니다. 월세를 받는 건 건물뿐만 아니라 상가, 오피스텔, 소형 아파트도 가능하기 때문에 실거주와 월세 받는 부동산을 분리하는 방법도 고려해보기 바랍니다.

아무도 거들떠보지 않을 때 부동산을 매수하는 전략은 여전히 유효하다고 생각합니다. 지금부터 열심히 공부해서 적기에 부동산을 매입한다면 큰 성과를 얻을 수 있을 것입니다. 중요한 건 시장 분위기가 아닌 수익을 낼 수 있는 부동산을 고르는 안목입니다.

눈여겨본 오피스텔,
사도 될까요?

날짜	2022년 7월
가족구성원	예비신랑, 예비신부
현 거주지	서울 관악구 신림동 소재 주택(전세)
순자본	7,200만 원(전세금 여분 4천만 원+예금 2,600만 원+주식 600만 원)
월수입	600만 원
허용 가능한 원리금 상환액	월 300만 원
현 주택수	무주택
선호 지역	서울시 강동구
우선순위	교통 〉환경 〉학군 〉상권 〉투자

Q. 최근 경기 하남시 소재 미사아넬로스위첸 분양 소식을 전해 들었습니다. 분양가 6억 원 미만인 타입이 있어 디딤돌대출이 가능합니다. 방이 2개여서 장기간 거주는 어렵겠지만 복층이고 분양가도 적당해 투자를 고려하고 있습니다. 이와 관련해 궁금한 게 있어서요. 설명에 따르면 오피스텔로 분류되어 주택수에 포함되지 않는다고 합니다. 이런 경우에도 디딤돌대출이 나올까요? 또한 주변에서 중도금 대출을 받으라고 하던데 절차에 대해 잘 모르겠습니다.

요즘 서울에도 미분양이 나오고 있다는데, 하남 오피스텔을 실거주용으로 매수하는 게 옳은 선택인지 100% 확신이 서지 않습니다. 여자친구와 결혼한 다음 특별공급을 노리는 방법도 고려 중인데요. 3기 신도시 청약을 하려면 혼인을 해야 한다는데 이대로 기회를 또 놓칠까 고민입니다. 저희 상황이면 그냥 일반공급에 지원해야 하나요?

A. 미사 쪽 오피스텔에 관심이 많은 것 같습니다. 오피스텔은 청약통장을 쓰는 게 아니기 때문에 오피스텔 청약에 당첨되더라도 청약통장이 날아가지 않습니다. 또한 재당첨 제한도 없어 우선 청약을 넣어보고 당첨되면 그때 계약을 할지 말지 정해도 됩니다. 다만 언급한 오피스텔은 실입주용으로는 괜찮아 보이지만 투자용으로는 좀 더 고민이 필요해 보입니다.

오피스텔의 경우 디딤돌대출은 어렵고 일반 오피스텔 잔금 대출이 가능한 걸로 알고 있습니다. 디딤돌대출이 아니기 때문에 금리가 다소 높다는 뜻입니다. 만약 분양가가 6억 원이면 분양가의 10%인 6천만 원을 계약금으로 내고, 나머지 중도금을 6회차로 나눠서 내는데요. 중도금 대출을 이용해 잔금 때 한꺼번에 갚으면 됩니다. 일반적으로 계약금 10%, 중도금 60%, 잔금 30% 이렇게 진행됩니다. 이 중 중도금 60%를 무이자 혹은 이자 후불제로 대출해준다는 이야기입니다.

현시점에서는 수도권보다 저평가된 지방 부동산이 더 투자가치가 있다고 판단됩니다. 아직 혼인신고 전이기 때문에 혼인으로 인한 일시적 1가구 2주택 전략을 활용할 필요가 있습니다. 더불어 3기 신도시 청약은 혼인을 하더라도 쉽지는 않습니다. 청약 가능성을 높이려면 결혼을 하고 신혼부부 특별공급이나 생애최초 특별공급을 노려야 하는데 확률이 높지 않습니다. 3기 신도시뿐만 아니라 수도권, 지방에서 일반공급을 노리는 전략은 여전히 유효하다고 봅니다. 청약만 노리기보다는 지금이라도 내가 살 수 있는 저평가된 부동산을 매입하는 전략이 현실적으로 가장 합리적인 선택이라고 생각합니다. 아무쪼록 현명한 판단을 내리기 바랍니다.

미분양 아파트, 잡아도 될까요?

날짜	2022년 10월
가족구성원	30대 아들, 60대 아버지, 60대 어머니
현 거주지	경기도 의왕시 소재 주택(자가)
순자본	3억 원(현금 및 주식), 대출 1,500만 원
월수입	630만 원
허용 가능한 원리금 상환액	월 200만 원
현 주택수	유주택
선호 지역	서울과 가까운 경기도
우선순위	투자 〉 환경 〉 교통 〉 상권 〉 학군

Q. 2년 내에 결혼 예정이라 주택 구매에 관심이 많습니다. 저와 여자친구는 둘 다 본가(자가)에서 부모님과 살고 있습니다. 집값이 떨어진다는 뉴스는 들리지만 언제쯤 크게 떨어졌다고 실감할 수 있을까요? 최근에 미분양 아파트 소식이 자주 들리는데 이걸 어떻게 살 수 있나요? 경기도에 살아야 경기도 미분양 아파트를 살 수 있나요? 부모님과 함께 거주(경기도 의왕시)하고 있고 청약가점은 30점대입니다. 미분양 아파트는 청약통장이 필요 없다고 하더라고요. 경기 파주 운정신도시와 양주시 미분양 아파트에 관심이 있습니다. 미분양이 지금보다 심해지면 건설사가 아파트를 분양가보다 더 싸게 팔기도 하나요? 20~30대가 대출을 갚지 못해 집을 내놓으면 집값이 더 내려갈 수 있다는 전망을 들었습니다. 그런 집이 나올 때까지 좀 더 기다려야 할까요?

A. 미분양 아파트는 크게 2가지로 나뉩니다. 첫째, 청약에서 미달이 난 단지를 지역 주민만 청약할 수 있는 무순위 청약입니다. 즉 청약 미달이 나면 모집공고를 다시 올려서 가점이 아닌 추첨제로 지역 주민만 우선적으로 뽑습니다. 이때는 청약통장이 필요 없습니다. 둘째, 선착순 분양입니다. 무순위 청약에서도 미달이 나서 미분양이 나오면 계약금만 내고 남아 있는 물량을 선착순으로 살 수 있습니다. 이때는 동과 호수도 남은 것 중에서 자유롭게 고를 수 있습니다. 선착순으로도 안 팔리고 완공이 될 때까지 남아 있으면 할인 분양으로도 살 수 있습니다. 분양가 대비 10~20% 할인 분양한다는 현수막이 종종 보일 텐

데 바로 이런 경우입니다. 이때도 청약통장 없이 선착순으로 집을 골라서 살 수 있습니다.

경기가 어려워지면 대출을 감당하지 못해 20~30대가 급매로 물건을 내놓는 경우도 물론 있습니다. 지역마다 다르고 상황에 따라 달라서 시점을 정확히 꼬집기는 어렵습니다. 다만 뉴스에서 무리한 대출로 인해 집을 경매로 넘기거나 처분하는 경우가 많다는 이야기가 조금씩 나오는 시점이 바닥일 확률이 높습니다. 추가로 금리 인상 여부도 꼼꼼히 챙겨야 합니다. 입주 시점에 이르러 분양가 이하의 마이너스 프리미엄으로 물량이 나오는 이유는 분양받은 사람들이 잔금을 치르지 못했기 때문입니다. 계약금을 포기하더라도 싸게 파는 것이죠. 이런 물건에 대한 투자도 여전히 유효합니다.

3기 신도시 미분양을 노리려 합니다

날짜	2022년 9월
가족구성원	남성
현 거주지	서울 동작구 소재 주택(전세)
순자본	전세 대출 1억 원
월수입	330만 원
허용 가능한 원리금 상환액	월 150만 원
현 주택수	무주택
선호 지역	용인시 수지구 성복동, 수원시 영통동, 평택시 고덕동
우선순위	투자 〉 교통 〉 학군 〉 상권 〉 환경

Q. 내 집 마련 걱정이 많은 청년입니다. 제 형편으로 서울에 있는 괜찮은 아파트를 매수하는 게 불가능하다는 걸 알고 있습니다. 그래서 3기 신도시에 관심을 가지고 있습니다. 토지보상 등으로 실제 입주까지 오랜 시간이 걸릴 수 있지만 지금부터 목표로 삼고 준비하려 합니다. 3기 신도시 입주를 위한 전략으로 분양권 매입 또는 미분양 아파트 발생 시 계약하는 방법을 고려하고 있습니다. 서울에 주소지를 둔 미혼 1인 가구의 3기 신도시 청약 당첨은 불가능하다고 판단하고 있어섭니다.

3기 신도시 중 제가 실거주하기에 좋은 고양 창릉, 하남 교산, 과천 과천 등에 위치한 전용면적 84m²의 예상 분양가는 6억~7억 원 정도라고 합니다. 저는 분양권이나 미분양 물량을 사려는 계획인데요. 계약 시점을 기준으로 어느 정도 금액을 가지고 있어야 하나요? 부동산 경기 등 변수야 많겠지만 확실한 목표를 세우고 해당 금액을 만들고자 질문 드립니다.

A. 3기 신도시 미분양을 노리는 전략이군요. 시기가 맞아떨어진다면 불가능한 이야기는 아닙니다. 다만 지금은 부채만 1억 원에 달하는 상황입니다. 우선은 종잣돈부터 마련할 필요가 있습니다. 일반적으로 아파트 분양 계약 시 계약금은 분양가의 10~20%입니다. 10%라고 가정하면 분양가가 6억 원일 경우 6천만 원에 달합니다. 중도금은 무이자 혹은 이자 후불제로 대출이 나옵니다. 즉 아파트가 완공이 되어서

입주할 때까지 계약금 외에 따로 들어가는 돈은 없습니다. 6억 원이라고 가정하면 60%인 3억 6천만 원은 중도금 대출이 가능합니다. 시기별로 중도금 대출이 10%씩 각각 6번 나온다고 보면 됩니다. 입주 시점이 되면 나머지 잔금 30%를 납부해야 합니다. 즉 분양가 6억 원의 30%인 1억 8천만 원이 필요합니다.

아파트에 실입주할 경우 생애최초 주택 구입이므로 LTV 최대 80%까지 담보대출이 나옵니다. 물론 DSR을 통해 소득 대비 대출도 가능합니다. 소득이 어느 정도 있다면 집값의 최대 80%까지 대출이 가능합니다. 분양가가 6억 원이면 5억 4천만 원까지 대출이 나올 수 있다는 이야기입니다.

실입주해야 할 의무가 없다면 전세를 놓아서 잔금을 치를 수 있습니다. 분양가 6억 원짜리 아파트의 전세가가 4억 원이라면 계약금 6천만 원과 전세금 4억 원을 제한 나머지 1억 4천만 원을 마련해서 잔금을 치르면 됩니다. 투자금이 부족하면 이런 식으로 전세를 맞춰서 분양받은 아파트의 잔금을 치르는 경우가 굉장히 많습니다. 운 좋게 전세가가 분양가만큼 오르면 전세금으로 분양받은 아파트의 잔금을 모두 치르는 경우도 종종 있습니다.

중도금 대출 이자 후불제는 말 그대로 그동안 나왔던 이자를 입주 시점에 한 번에 내는 걸 말합니다. 중도금 대출은 전액이 한 번에 나오는 게 아닌, 시기별·회차별로 나오기 때문에 이자 부담은 생각보다는 적은 편입니다. 아파트 담보대출은 일반적으로 집단대출을 받기 때문에 시중금리보다 조금 저렴한 편입니다. 개인의 신용도에 따라 다르긴 하지만 건설사에서 지정해주는 은행에서 대출을 받으면 좀 더 저렴하게 대출을 받을 수 있습니다.

20~30대는 아끼고 모아서 자산을 형성해야 하는 중요한 시기입니다. 사회초년생의 1억 원과 40~50대의 1억 원은 큰 차이가 있습니다. 최대한 아껴 쓰고 종잣돈을 잘 모아서 투자에 임하기 바랍니다.

저렴한 저층 vs. 비싼 중층, 어떤 물건을 살까요?

날짜	2023년 1월
가족구성원	남성
현 거주지	서울 구로구 소재 오피스텔(전세 1억 5천만 원)
순자본	2억 2천만 원(전세금 1억 5천만 원+현금 및 주식 7천만 원)
월수입	330만 원
허용 가능한 원리금 상환액	월 150만 원
현 주택수	무주택
선호 지역	경기 광명시 또는 서울 구로구, 영등포구, 강서구
우선순위	투자 〉교통 = 상권 = 학군 = 환경

Q. 2021년 12월부터 본가 근처에서 독립해 살고 있습니다. 작년부터 집값이 떨어지고 있는데요. 이를 기회 삼아 집을 사는 것도 나쁘지 않다고 생각하고 있습니다. 전세계약은 올해 말에 끝나지만 그것과 관계없이 부모님께 도움을 좀 받고 전세금을 이용해 집을 매수할 계획인데요. 요새 조정기를 거친 다음 집값이 다시 오를 것이라고 전망하는 전문가가 부쩍 늘고 있더라고요. 근거는 크게 3가지인 것 같습니다. 첫째, 거래량이 다시 늘고 있다. 둘째, 지금 나온 급매가 다 팔리면 가격은 오른다. 셋째, 특례보금자리론이 나오고 추가로 규제가 풀리면 자연스레 가격이 오른다. 이러한 근거에 대해 어떻게 생각하시나요? 추가로 현재 구로구 구로두산 아파트를 보고 있습니다. 22평 저층 (2층)은 4억 1천만 원이고, 중층(11층)은 5억 원이더라고요. 가격 경쟁력 면에서 저층이 나은 걸까요?

A. 작년부터 집값이 떨어졌기 때문에 지금은 가격이 많이 빠진 주택을 저렴하게 살 수 있는 시기이긴 합니다. 전세금을 빼고 부모님께 도움을 받는다면 주택 매입도 충분히 가능하겠죠. 시황에 대한 제 개인적인 생각은 집값은 바닥을 찍었다고 생각합니다. 집값 하락의 주된 원인인 고금리가 정점을 찍었고 더 이상 크게 오르지 않을 것이라고 보기 때문입니다. 많이 떨어진 지역들은 이미 고점 대비 가격이 큰 폭으로 하락했으므로, 쏟아진 급매물이 소화되면 자연스럽게 가격이 조금 반등한 상태에서 횡보할 것이라 봅니다.

물론 그렇다고 2020년처럼 급격한 상승으로 이어지지는 않을 겁니다. 왜냐하면 한동안 고금리가 유지될 수 있기 때문입니다. 따라서 예전처럼 큰 폭의 집값 상승을 기대하는 것보단, 집값 거품이 빠진 상태에서 비교적 가성비 있게 내 집 마련을 하겠다는 마음가짐이 필요해 보입니다.

세계적인 투자가 워런 버핏은 시장 전망을 하지 않는 걸로 유명합니다. 그보다는 저평가된 주식을 장기간 보유해서 시세차익을 많이 남기는 투자로 유명합니다. 워런 버핏도 시장이 정확히 언제 살아날지에 대해서는 예측을 하지 않습니다. 저도 마찬가지입니다. 부동산 시장이 언제 반등할지는 아무도 모릅니다. 알 수도 없고요. 다만 모든 사람이 투자를 망설이는 시기야말로 좋은 기회라고 생각합니다. 오히려 가장 위험했던 순간은 많은 사람이 투자에 관심을 갖고 열광하던 시기였습니다. 2020년을 돌아보면 그때 이미 과열 양상의 조짐이 여럿 보였습니다. 많은 사람이 그런 부분을 간과하고 무리하게 영끌을 해 실패를 경험했죠. 즉 모두가 열광할 때 오히려 조심해야 하고, 모두가 두려워 할 때 오히려 용기를 내야 합니다.

올해부터 적용되는 특례보금자리론은 변동성이 적은 고정금리로 최대 5억 원까지 대출이 가능하기 때문에 굳이 부모님 찬스를 쓰지 않더라도 충분히 내 집 마련이 가능해 보입니다. 이 부분도 잘 활용하면 좋을 것 같습니다. 구로두산 아파트의 경우 저층인 2층이 4억 1천만 원이고 중층인 11층이 5억 원이라면 저는 저층을 택하겠습니다. 가격

차이가 20% 정도이기 때문에 충분히 메리트가 있다고 생각합니다. 차익인 9천만 원으로 다른 데 투자할 수도 있고요. 범위를 넓히면 구로 외에도 투자할 지역은 많습니다. 시야를 넓히는 것도 한 방법이라고 생각합니다.

재개발 예정지 빌라를 팔고 특별공급을 노려도 될까요?

날짜	2021년 11월
가족구성원	예비신랑, 예비신부
현 거주지	경기도 안양시 만안구(자가)
순자본	3억 6천만 원(보유 중인 빌라 시세 3억 원+현금 6천만 원)
월수입	700만~1천만 원
허용 가능한 원리금 상환액	월 200만 원
현 주택수	유주택
선호 지역	경기도 안양시 및 인근
우선순위	교통 〉 투자 〉 환경 〉 상권 〉 학군

Q. 2022년 결혼 예정입니다. 곧 있을 청약 제도 개편(1인 가구 추첨제 시행)을 고려해 혼인신고는 미루려 합니다. 예비신부는 안양시 재개발 예정지 빌라를 가지고 있습니다(안양시 충훈부, 광명역과 멀지 않음). 안양시에선 재개발 예정지에 3천 세대 이상의 대단지를 지으려는 계획을 가지고 있습니다. 부동산 시장 상승기가 오기 전에 미래를 대비해 사둔 빌라가 많이 올랐습니다. 신혼희망타운 공공분양이 쏟아지는 형국인데 지금 가진 빌라를 팔고 신혼부부 자격으로 현금을 가지고 청약을 신청해야 할지, 대단지 아파트 분양권이 나오는 빌라를 계속 보유해야 할지 고민입니다. 재개발 아파트가 완공되기까지 꽤 오랜 시간 빌라를 보유해야 할 것 같아요. 주변 시세가 오르고 다들 집을 사서 얼마가 올랐다는 이야기를 하니 마음이 조급해지네요.

A. 재개발 예정지 빌라를 매입한 건 정말 잘한 투자로 보입니다. 그런데 재개발 예정지 빌라를 팔고 신혼부부 청약을 노리는 건 썩 좋은 방법은 아니라고 판단됩니다. 왜냐하면 신혼부부 특별공급 청약도 경쟁이 치열해서 꼭 된다는 보장이 없고, 당첨되더라도 기다리는 동안 집값은 계속 오를 수 있기 때문입니다.

그보다는 아직 혼인 전이니 갖고 있는 현금 6천만 원을 활용해서 무주택자인 예비신랑 명의로 투자하는 전략이 더 좋아 보입니다. 현재 비조정대상지역 중 비교적 저평가되어 있는 지역을 잘 찾아서 투자하면 투자금 대비 높은 수익을 거둘 수 있다고 판단됩니다.

정리하자면 재개발 빌라를 팔지 말고 재개발될 때까지 기다리세요. 그동안 예비신랑 명의로 비과세 혜택을 받을 수 있는 지역의 부동산을 매입하기 바랍니다.

역세권 신축 vs.
호재가 있는 구축

날짜	2021년 12월
가족구성원	예비신랑, 예비신부
현 거주지	경기도 성남시 분당구 소재 아파트(자가)
순자본	6억 원(보유 중인 실거주 아파트 시세 및 현금)
월수입	700만~800만 원
허용 가능한 원리금 상환액	월 300만 원
현 주택수	유주택
선호 지역	경기도 성남시 분당구 또는 신분당선 양재시민의숲역 근처
우선순위	교통 = 투자 〉 환경 〉 상권 〉 학군

Q. 저와 여자친구는 각각 판교역과 강남역 근처로 출퇴근합니다. 저는 분당구 소재 15평형 아파트에 자가로 거주하고 있습니다. 하지만 이 집을 팔 경우 개인 사정으로 매도금의 50%만 제 것이 됩니다. 여기에 예비신부의 현금을 더해 신혼집을 마련하려 합니다. 현재 매수를 고려하고 있는 아파트는 두 곳입니다. 하나는 경기도 용인시 풍덕천동 수지파크푸르지오(24평, 9억 5천만 원)고, 다른 하나는 성남시 미금역 인근 청솔마을의 20평대 모든 아파트입니다.

리모델링을 기다리고 있는 분당권역에서 구축 아파트를 매수하는 게 좋을지, 용인시 신분당선 역세권 신축 아파트로 가는 게 좋을지 고민입니다. 양재시민의숲역 근처에 재개발·재건축을 기대하며 빌라, 주택, 아파트를 실거주 용도로 매수하는 전략도 고려하고 있습니다. 성남시 구시가지인 단대오거리역 근처 아파트를 매수하는 전략도 함께 생각하고 있습니다. 혹시 저희가 모르는 선택지가 있다면 추천도 부탁드리고 싶습니다.

A. 신혼집을 마련하고자 하는 계획은 정말 좋은 생각입니다. 누구나 첫 내 집 마련은 떨리고 부담스러운 결정입니다. 하지만 이 과정만 잘 넘기면 인생에 있어서 크게 얻는 깨달음이 있기 마련이죠. 용인시 풍덕천동 수지파크푸르지오와 신분당선 미금역 인근 청솔마을 20평대 아파트 중 고민 중이군요. 수지파크푸르지오는 역세권이고 신축이라 살기에 불편함이 없을 겁니다. 미금역 인근 청솔마을의 20평대 아파트

는 구축이긴 해도 학군이 좋고 리모델링 호재가 있습니다. 다만 최근 가격이 급등한 건 부담스런 요인입니다.

역세권 신축이냐, 호재가 있는 구축이냐 고민이 많을 텐데요. 두 단지만 놓고 비교해본다면 단기적으로는 수지파크푸르지오가 매력적이고, 장기적으로는 미금역 인근 구축이 투자가치가 있어 보입니다. 현재 자녀가 없으니 지금은 용인 신축 아파트에서 거주하다가, 추후 자녀가 학교에 들어갈 때쯤 리모델링 이슈가 있는 분당으로 이사를 가는 것도 좋겠죠. 수지파크푸르지오의 경우 곧 입주 후 2년이 도래하기 때문에 비과세로 팔려고 하는 매도 물건이 나올 것입니다. 추이를 지켜보다가 그런 물건을 급매로 잘 잡는 것도 한 방법입니다.

재개발을 노리고 양재시민의숲역 근처 빌라나 주택에서 거주하는 건 불확실성이 너무 큽니다. 성남 구시가지 단대오거리역 인근 아파트 혹은 분양권이 양재시민의숲역 인근 빌라, 주택보다 나은 선택 같습니다. 다만, 최근 가격이 급등했기 때문에 성남 구시가지 쪽은 시세 추이를 좀 더 지켜볼 필요가 있습니다.

실거주 중인 하급지로
갈아타도 될까요?

날짜	2022년 4월
가족구성원	남편, 아내, 아들
현 거주지	서울시 성북구 길음뉴타운 소재 아파트(전세 5억 2천만 원)
순자본	17억 5천만 원(보유 중인 아파트 시세 17억 원+현금 5천만 원), 전세대출 9,500만 원
월수입	1천만 원
허용 가능한 원리금 상환액	330만 원
현 주택수	유주택
선호 지역	현재 전세로 거주 중인 아파트
우선순위	학군 = 환경 〉 투자 = 교통 = 상권

Q. 서울시 용산구 효창동 소재 30평대 아파트를 2017년에 분양받아 보유 중입니다. 시세는 17억 원 정도이며 양도세 비과세 조건을 충족했습니다. 현재 해당 주택엔 세입자(전세 6억 원)가 거주합니다. 저희 부부는 성북구 길음뉴타운 소재 아파트에서 전세로 실거주 중입니다. 아이가 이제 막 초등학교에 들어갔습니다. 저희는 아이의 중학교 졸업 시기까지 길음뉴타운에서 계속 거주하기를 희망합니다. 그래서 효창동 아파트를 팔고 현재 전세로 거주 중인 길음뉴타운 단지를 매입하려고 하는데요. 용산으로 돌아갈 계획은 없습니다. 의견이 궁금합니다.

A. 현재 용산은 제2의 강남이 될 것으로 꼽히는 1순위 지역입니다. 개발 호재가 풍부하고 워낙 입지가 좋기 때문입니다. 일반적으로 갈아타기라는 건 더 나은 상급지로 가는 게 정석입니다. 그런 면에서 용산을 팔고 길음뉴타운에 들어가는 건 조금 아쉬운 부분이 있습니다. 2017년에 분양받았다면 비교적 새 아파트이기 때문에 길게 보유하는 게 좋을 것 같습니다. 또한 현행 비과세 요건이 12억 원이기 때문에 17억 원에 매도한다면 12억 원 초과분에 대해서는 세금을 내야 합니다. 만일 1가구 1주택 장기보유특별공제를 활용한다면 비과세에 해당하지 않는 부분도 최대 80%까지 양도차익을 공제받을 수 있기 때문에 장기보유특별공제를 활용할 필요가 있습니다.

용산 아파트를 매도한 후에는 좀 더 나은 상급지, 예를 들면 강남 쪽으로 갈아타는 전략도 좋다고 생각합니다. 다만 길음뉴타운에 전세로 거주하면서 2년 혹은 4년마다 이사를 가야 하는 불편함은 따를 수 있습니다. 이런 부분을 충분히 감안한 다음 결정하기 바랍니다.

요약하면 용산을 팔고 길음뉴타운에 실입주하는 건 투자 측면에서는 좋은 판단은 아닙니다. 또한 장기보유특별공제를 최대한 활용해서 양도세를 적게 내는 방법을 고려해보기 바랍니다.

상가를 분양받았는데, 본계약 문제로 고민입니다

날짜	2022년 8월
가족구성원	남편, 아내
현 거주지	경기 구리시 소재 주택(전세 1억 5천만 원)
순자본	3억 4천만 원(전세금 1억 5천만 원+상가 매매약정금 1억 3천만 원+현금 6천만 원)
월수입	600만~700만 원
허용 가능한 원리금 상환액	월 300만 원
현 주택수	무주택
선호 지역	경기 구리시 또는 남양주 다산신도시
우선순위	상권 > 교통 > 투자 > 환경 > 학군

Q. 지역주택조합으로 건설하는 서울 성수동 서울숲아이파크리버포레 상가에 투자했습니다. 본계약 전인데 고민이 많습니다. 현재 매매약 정금 1억 2천만 원이 들어가 있는 상태인데요. 최근 면적 변경, 주변 시세 및 지가 상승으로 분양가가 1억 원이 올라 9억 원대 중반으로 변경되었다는 내용증명을 받았습니다. 상가 층수는 'B1층'이지만 사실상 1층이며 15평 규모입니다. 원래 분양 전에 전매하려고 했으나 어쩌다 보니 이렇게 시간이 흘렀습니다. 참고로 다른 호실을 배정받은 지인은 최근 경기 침체 등을 이유로 본계약을 하지 않기로 했습니다. 이에 저도 본계약을 포기할지 고민입니다.

질문입니다. 중도금은 무이자 대출이 가능하니 일단 본계약 후 전매해 차익을 노릴까요? 아니면 분양 직전까지 보유하고 있다가 전매해 차익을 노리는 게 나을까요? 분양에 들어가면 대출을 6억~7억 원쯤 받아야 하는데 금리 인상기라 고민입니다.

A. 같은 건물이라 해도 엘리베이터 혹은 계단 위치에 따라 유동인구의 동선이 달라집니다. 개별성이 아파트보다 훨씬 강하기 때문에 같은 건물이어도 그 위치에 따라 투자가치는 크게 달라집니다. 따라서 'B1 층'이라는 정보만으로는 분양받은 상가의 가치를 판단하기가 굉장히 어렵습니다. 다만 15평 서울숲아이파크리버포레 상가인데 분양가가 9억 원 중반이라면 통상적으로 무난한 수준으로 보입니다. 상가 위치에 따라 판단이 달라질 수 있기 때문에 이 부분은 면밀한 검토가 필요

합니다.

최근에는 단지 내 상가라고 하더라도 위치에 따라 공실이 길어지는 경우가 많습니다. 물론 그러면 안 되지만 상가가 완공된 이후에도 장기간 공실로 남을 수 있습니다. 더군다나 상가는 취득세가 4.6%이기 때문에 분양가 외에 들어가는 부대비용도 만만치 않습니다. 예를 들어서 7억 원의 대출을 받는다면 금리 4% 적용 시 이자 부담만 한 달에 최소 250만 원입니다. 만약 원금과 같이 갚을 경우 못해도 매달 400만 원 이상이 들어갑니다. 완공이 되고 바로 임대가 나가면 문제가 없겠지만 만약 임대가 안 나가고 공실 상태로 장기화된다면 굉장히 힘들어질 수 있습니다. 자금적인 측면에서 최악의 상황을 가정하고 투자해야 합니다.

대부분의 사람이 영업사원의 사탕발림에 금방이라도 돈을 벌 수 있겠다 생각하고 상가를 덜컥 분양받곤 합니다. 하지만 생각보다 잘 팔리지 않을 뿐더러 임대관리도 쉽지 않습니다. 가지고 있는 자금만으로는 본계약을 하고 잔금까지 치르기엔 다소 무리가 있어 보입니다. 보수적으로 검토해봐야 할 것 같습니다. 만약 임대가 오랫동안 안 나가도 버틸 자금이나 여유가 있다면 몰라도 그렇지 않다면 본계약을 포기하는 것도 고려할 필요가 있습니다

안타깝지만 이번 일을 계기로 좀 더 리스크가 적고 안전한 투자에 대해 고민해보기 바랍니다. 실패한 투자라고 하더라도 분명히 얻는 게 있기 마련입니다.

보유한 집의 전세가격이
계속 떨어져서 고민입니다

날짜	2022년 9월
가족구성원	남성
현 거주지	경기 성남시 분당구 소재 아파트(자가)
순자본	미공개
월수입	미공개
허용 가능한 원리금 상환액	미공개
현 주택수	유주택
선호 지역	미공개
우선순위	미공개

Q. 2주택 보유자입니다. 2채 중 한 채에서 제가 살고 있고 다른 한 채는 전세를 줬습니다. 임차인에게 전세를 준 집의 계약은 내년 1월에 끝납니다. 문제는 최근 같은 단지의 전셋값이 많이 떨어졌다는 겁니다. 올해 초 대비 1억 원이 떨어졌습니다. 지금 겪고 있는 문제는 이렇습니다. 만약 임차인이 계약 연장을 하지 않으면 어떻게 해야 하나요? 내년 7~8월에야 임차인에게 돌려줄 돈이 생깁니다. 이렇게 되면 아파트가 경매에 넘어가나요?

임차인이 나가겠다고 통보하면 임차인은 제가 구해야 하나요? 마찬가지로 이전 시세보다 1억 원 낮은 금액으로 전세를 맞춰야 하는데, 임차인에게 어떻게 돈을 돌려줘야 하나요? 전세보증금 반환보증보험은 가입하지 않았습니다. 전셋값이 이렇게 많이 떨어질지 몰랐습니다. 임차인에게 피해를 주기 싫고, 최근 집값도 떨어지고 있어 아예 해당 주택을 매도하면 어떨까 하는 생각도 있는데요. 임차인에게 집이 팔리면 보증금을 돌려줄 수 있다고 해도 될까요?

A. 전세가격이 떨어져서 걱정이 많은 것 같습니다. 먼저 세입자의 의견을 물어본 후 세입자가 만기 때 나간다고 하면 전세금을 마련하기 위해 자금 융통이 필요해 보입니다. 이때 솔직하게 부족한 1억 원 정도의 자금은 내년 7~8월에 지급이 가능하다고 양해를 구하는 방법도 있습니다. 세입자가 그때까지 해당 주택에 거주하면서 기다려준다고 하면 정말 좋겠죠.

만약 전세 만기 때 반드시 나가야 한다면 1억 원 떨어진 전세가격으로 새로 세입자를 맞추고 부족한 1억 원의 자금을 마련해야 하는데요. 지금 살고 있는 주택을 담보로 대출을 받거나, 이마저도 힘들다면 본인이 살고 있는 주택을 전세를 놓아 목돈을 마련한 후 좀 더 저렴한 곳에서 전월세를 사는 방법도 있습니다.

일반적으로 세입자가 못 받은 전세보증금을 받기 위해 경매를 신청하더라도 실질적으로 돈을 받기 위해 필요한 시간은 3개월에서 6개월 정도입니다. 그러니 세입자에게 내년 7~8월쯤, 즉 전세 만기 6개월 정도 후에는 반드시 전세금을 돌려주겠다고 이야기해보세요. 세입자도 특별한 경우가 아니라면 이해할 것입니다. 최악의 경우 지금 살고 있는 집을 전세로 놓고 월세로 가는 방법도 있습니다. 전세금을 마련하기 위해 집을 파는 건 좋은 선택이 아닙니다.

입주권을 보유 중인데
프리미엄이 빠져 고민입니다

날짜	2022년 12월
가족구성원	남편, 아내
현 거주지	서울 양천구 소재 아파트(전세)
순자본	미공개
월수입	1천만 원
허용 가능한 원리금 상환액	미공개
현 주택수	유주택
선호 지역	서울 노량진뉴타운
우선순위	투자 〉교통 〉환경 〉상권 〉학군

Q. 저희 부부는 광명뉴타운 2구역과 4구역 입주권을 1개씩 보유하고 있습니다. 2구역은 2024년 하반기 입주, 4구역은 2025년 입주가 예정되어 있습니다. 두 물건 모두 2018년 1월 24일 전에 사업시행인가를 받아 전매제한에서 자유롭습니다. 사실 노량진뉴타운에 관심이 있었는데 매수하기엔 자금이 부족해 광명뉴타운으로 눈을 돌렸습니다. 요즘 집값 하락과 함께 입주권 프리미엄이 빠지고 있습니다. 1억 원 이상 빠진 곳도 나오고 있고요. 이런 분위기에 마음이 흔들려 고민이 많은데 어찌해야 할지 모르겠습니다.

현재 자금 상황이 안 좋습니다. 매달 대출 이자가 너무 많이 나갑니다. 그래서 가격이 더 떨어지기 전에 입주권 2개를 모두 정리해야 하나 고민 중입니다. 가격이 지금보다 더 빠지면 다시 들어가려 하는데 어떤가요? 아니면 노량진뉴타운 물건으로 갈아탈까 하는 생각도 있습니다.

A. 광명 2구역과 4구역을 보유 중이군요. 두 입주권 모두 입지가 나쁘지 않습니다. 또한 2024년, 2025년 입주이기 때문에 입주 시기에 전세를 놓으면 투자금은 전액 회수될 것으로 보입니다. 프리미엄이 많이 빠져서 고민인 것으로 보입니다. 하지만 프리미엄이 빠지든 오르든 팔지 않으면 아무 의미는 없습니다. 지금 당장 너무 일희일비할 필요는 없습니다. 2024년 입주이기 때문에 향후 2년 이상을 기다려야 합니다. 2년만 잘 버티면 전세를 들여 투자금을 회수하고 대출을 갚을

수 있기 때문에 이 시기만 잘 버티기 바랍니다.

물론 더 떨어지기 전에 다 팔고 상급지인 노량진뉴타운으로 갈아타는 전략도 있습니다. 하지만 현실적으로 이런 전략은 타이밍을 잡기가 굉장히 힘듭니다. 두 단지를 파는 동안 노량진뉴타운이 갑자기 오르면 지붕 위의 닭을 쳐다보는 개처럼 놓친 매물을 멍하니 쳐다볼 수밖에 없습니다. 무엇보다 노량진뉴타운 하나를 갖고 있는 것보다 광명 재개발 물건 2개를 갖고 있는 게 향후 수익률이 더 높을 수 있습니다. 가격이 조금 하락한다고 조바심 내면서 손해를 감수하고 팔기보다는 좀 더 버티는 게 좋아 보입니다. 물론 대출 이자 부담이 너무 크다면 한 채 정도 처분하는 것도 방법이지만, 부업을 시작하든 허리띠를 졸라매든 입주 때까지 버티는 게 좋습니다. 많은 사람이 부동산 가격이 상승하면 더 상승할 것이라 생각해 쉽게 매도를 못합니다. 반면 부동산 가격이 조금만 하락하면 더 떨어질 것 같은 두려움에 쉽게 매도를 결정합니다. 부자가 되고 투자를 잘하기 위해서는 이런 인간의 본성을 이해하고 그런 본성을 역이용할 필요가 있습니다.

남들이 팔 때 팔고, 남들이 살 때 사는 건 어려운 일이 아닙니다. 남들이 쉽게 하지 못하는 일을 할 때 기회를 잡을 수 있습니다. 조금만 더 버티고 인내한다면 반드시 좋은 시기가 올 것입니다. 심사숙고해서 좋은 결정을 내리기 바랍니다.

부모님 집 문제, 어떻게 해야 할까요?

날짜	2023년 2월
가족구성원	60대 아버지, 60대 어머니
현 거주지	경기 성남시 분당구 소재 주택(자가)
순자본	12억 원(보유 중인 실거주 아파트 시세), 대출 1억 5천만 원
월수입	150만 원
허용 가능한 원리금 상환액	미공개
현 주택수	유주택
선호 지역	경기 남부
우선순위	미공개

Q. 부모님의 집 문제로 걱정입니다. 아버지와 어머니는 두 분 모두 은퇴하셨고, 어머니가 초등학생 피아노 교습을 통해 생활비를 벌고 있습니다. 자산은 1기 신도시 입주 당시 분양받은 분당 아파트가 1채 있지만 가격이 많이 떨어져 시세는 12억 원 정도 합니다. 연금과 어머니 레슨비가 있지만 결코 여유롭지 않아 늘 신경이 쓰입니다. 지금이라도 부모님이 노후를 편안히 즐기시려면 어떻게 하는 게 좋을까요? 현재 집을 팔고 전월세로 이사 가야 할지, 주택연금에 가입해야 할지 고민입니다. 친척이 대부분 경기 남부에 살고 있어 집을 처분하고 부모님만 외딴 지방으로 가는 건 원하지 않습니다.

A. 부모님 노후 대비로 걱정이 많으신 것 같습니다. 부족한 생활비가 문제로 보이는데요. 국민연금과 개인연금 등이 있어도 풍족히 쓰기엔 부족해 보입니다. 주택연금을 받는 것도 좋지만 제 견해는 이렇습니다. 저라면 현재 살고 있는 집을 처분하고 남는 돈으로 내 집 마련과 수익형 부동산 투자를 동시에 하겠습니다. 용인 외곽 쪽으로 가면 5억 원 정도의 자금으로도 전용면적 85m² 신축 아파트를 살 수 있습니다. 새 아파트에서 편히 살면서 나머지 자금으로 상가나 오피스텔을 매입해 월세를 받으면 됩니다.

수익형 부동산에서 나오는 월세면 부모님 생활비로 부족함이 없을 겁니다. 물론 현재 살고 있는 집을 팔기가 굉장히 부담스럽고, 새로운 곳에 이사를 가는 게 쉽지만은 않습니다. 하지만 생활비를 충당하기 위해 추가로 대출을 받는 건 지양해야 합니다. 지금이라도 빨리 집을 처분해서 추가로 현금흐름을 만들 필요가 있습니다.

또 다른 방법도 있습니다. 분당 재건축을 바라보고 집을 팔지 않는 대신 자녀가 부모님의 생활비 250만 원을 지원하는 것입니다. 분당 아파트는 부모님이 돌아가시고 상속으로 물려받으면 됩니다. 분당 아파트는 재건축 연한이 이미 도래했고 최근 특별법으로 1기 신도시 재건축이 빨리 추진될 수 있기 때문에 용인의 신축 아파트보다는 가격이 많이 오를 수 있습니다. 다만 매달 현금을 부모님에게 지원해야 하기 때문에 부담이 될 수 있습니다. 가족회의를 통해 어떻게 하는 게 부모님 노후에 도움이 될지 잘 고민해보기 바랍니다.

인생의 정점을
가급적 늦게 찍어라!

서두에서 부동산 투자가 내 인생에 있어 한 줄기 빛과 같다고 이야기한 바 있다. 부동산 투자를 통해 경제적인 성공뿐만 아니라 인생에 대해서도 많은 깨달음을 얻었다. 한 분야에 깊이 있게 발을 담그다 보면 인생에 대해 깊이 있는 성찰을 할 수 있다. 부동산 투자를 통해 세상을 조금이나마 나만의 관점에서 바라볼 수 있게 된 것이다.

모든 중심에는 사실 '본인'이 있다. 내가 생각하고 상상하는 대로 현실이 되는 게 인생이라고 생각한다. 어떤 사람이 평범한 직장인을 꿈꾼다면 그냥 평범한 직장인이 되는 것이고, 어떤 사람이 베스트셀러 작가를 꿈꾼다면 그 사람은 베스트셀러 작가가 될 수 있다. 꿈도 꾸지 않았는데 갑자기 평범한 직장인이 베스트셀러 작가가 될 수는 없지 않겠는가?

좋은 기회가 오더라도 평소 생각하지도 못한 분야라면 그 기회를 놓칠 수밖에 없다. 물론 종종 뜻밖의 좋은 기회를 발견하고 성공하는 사람도 있다. 하지만 그런 사람들도 마음속 깊은 곳에서는 성공을 향한 강한 집념과 확신이 존재했을 것이라 믿는다.

결론적으로 성공도 부자로 사는 것도 우선은 마음먹기에 달렸다. 나 또한 20대 때 부자로 살 것이라고, 베스트셀러 작가가 될 것이라고 항상 되뇌고 다녔다. 아마 당시에는 내 말을 믿는 이가 거의 없었을 것이다. 어쩌면 그때부터 나는 마음속 깊은 곳에서 성공을 향한 로드맵을 그리고 있었는지 모른다. 물론 아직까지 경제적으로나 사업적으로 엄청난 성공을 거뒀다고는 생각하지 않는다. 나의 로드맵은 여전히 현재진행형이고, 먼 훗날 이 책을 웃으면서 다시 볼 날이 올지도 모른다.

내가 깨달은 성공과 행복의 조건 중 하나는 행복하기 위해서는 절대 섣부르게 정점을 찍으면 안 된다는 것이다. 똑같이 100억 원이라는 큰돈이 있어도 누군가는 굉장히 불행할 수 있고 누군가는 굉장히 행복할 수 있다. 한 명은 투자에 성공해 50억 원이 100억 원이 된 사람이고, 한 명은 투자에 실패해 200억 원이 100억 원이 된 사람이다. 이 경우 당연히 한쪽은 매우 흡족하고, 한쪽은 매우 불행하다. 100억 원이라는 큰돈이 있지만 이처럼 관점에 따라 만족도는 확연히 달라진다.

인생과 행복의 관계도 마찬가지다. 우리의 뇌는 계속해서 새로운 자극을 추구한다. 따라서 정점을 찍고 내려오는 순간, 우리는 행복보다는 불행을 느낀다. 간혹 남부럽지 않게 살 것 같은 유명인이 우울증에 빠지는 이유도 인생의 정점을 너무 일찍 찍었기 때문일지 모른다. 사람은 예전과 같은 부귀영화나 인기를 얻지 못할 때 우울감을 느낀다. 대중보다 풍족하고 돈이 많은 유명인이 우울증을 견디지 못하고 자살하는 이유도 이와 같다. 즉 물질적인 부의 총량이 행복을 담보하는 것은 아니다.

계속해서 사업에 도전하는 60대 어르신을 알고 있다. 이분은 30대 때 사업으로 수백억 원을 번 경험이 있다. 하지만 무리한 사업 확장으로 전 재산을 날리고 무너졌다. 이후 재기했지만 다시 사업이 망했다. 그러다 최근 4년 전부터 공격적으로 사업을 키워 크게 성공하셨다. 그분은 아마 30대 때 피나는 노력과 천운으로 쌓은 영광을 잊지 못할 것이다. 그 성과 이상을 바라기 때문에 지금도 끊임없이 도전하는 것이다. 30대 때의 영광이 내 인생의 정점(peak)이라고 생각하고 싶지 않기 때문에 열심히 사업에 집중하고 계신다. 누구나 인생의 정점에서 쓸쓸히 내려오길 바라지 않는다.

정년퇴직 후 우울감에 빠지는 이유도 인생의 정점을 찍었다는 생각 때문이다.

내가 내린 결론은 이렇다. 행복하기 위해서는 인생의 정점을 찍지 않으면 된다. 천천히 가더라도 꾸준히 가면 된다. 투자도 마찬가지다. 너무 급하게 가면 오히려 큰 실패를 맛보고 재기불능 상태에 빠지기 쉽다. 정점을 찍고 내려오는 그 상실감은 굉장히 크다. 그런 심리적인 상실감을 극복하기에 인간은 너무나 나약한 존재다.

서두르지 않고 꾸준히 성장하다 보면 투자도 인생도 정점 없이 꾸준히 성장할 수 있다. 이 원리를 잘 깨달은 사람이 워런 버핏이라고 생각한다. 워런 버핏은 90대 고령임에도 아직까지 인생의 정점을 찍지 않았다. 아마 죽을 때까지도 인생의 정점을 찍지 않을지 모른다. 조급함 없이 꾸준히 달리기 때문에 투자도 인생도 즐겁고 행복하다. 나도 워런 버핏처럼 그러한 삶을 살고 싶다. 돈에 얽매이지 않는 삶, 투자를 재미로 하는 삶, 돈을 행복을 위한 도구로 삼는 삶, 그리고 90대 고령임에도 건강하고 행복한 삶, 다른 사람들에게 좋은 영향을 주는 삶. 그런 삶을 살고 싶다. 여러분도 매일매일 조금씩이라도 성장하는 삶을 살기를 간절히 소망한다.

가장 효율적인
부동산 투자법

초판 1쇄 발행 2023년 8월 25일
초판 2쇄 발행 2023년 8월 30일

지은이 | 최진곤
펴낸곳 | 원앤원북스
펴낸이 | 오운영
경영총괄 | 박종명
편집 | 이광민 최윤정 김형욱 김슬기
디자인 | 윤지예 이영재
마케팅 | 문준영 이지은 박미애
디지털콘텐츠 | 안태정
등록번호 | 제2018-000146호(2018년 1월 23일)
주소 | 04091 서울시 마포구 토정로 222 한국출판콘텐츠센터 319호(신수동)
전화 | (02)719-7735   팩스 | (02)719-7736
이메일 | onobooks2018@naver.com   블로그 | blog.naver.com/onobooks2018

값 | 18,500원
ISBN 979-11-7043-440-5 03320